ÉTIENNE GARBUGLI

Le Guide de l'Email Marketing SaaS

Convertissez vos prospects, fidélisez vos clients et augmentez vos revenus récurrents grâce au courriel

First edition

ISBN: 978-1-7380186-0-4

This book was professionally typeset on Reedsy.
Find out more at reedsy.com

Contents

III Exécution

IV Optimisation

Dédicace

Pour ma mère, qui est partie trop tôt.

Remerciements

Ce livre n'aurait pas été possible sans les contributions clefs d'anciens collègues et gestionnaires chez LANDR, Aéroplan et ailleurs.

Critiques du livre

« 40 à 60 % des personnes qui utilisent votre produit pour la première fois n'y reviendront jamais. Une bonne stratégie d'email marketing est souvent la principale différence entre les utilisateurs qui reviennent et ceux qui ne reviendront pas. Ce livre vous montre comment élaborer une stratégie d'email marketing SaaS qui fonctionne réellement. » Wes Bush, auteur de Product-Led Growth

« Le livre d'Étienne nous a aidés à mettre en place tous nos premiers courriels pour notre entreprise SaaS-Pipeline. Ce livre est très utile pour les nouvelles entreprises SaaS car il montre comment obtenir davantage d'abonnés grâce aux essais gratuits, fidéliser les utilisateurs et même récupérer les abonnés qui ont annulé leur abonnement. Je pense que toute personne ayant une entreprise SaaS trouvera dans ce livre quelque chose qui peut augmenter les conversions. Fortement recommandé ! » Greg Davis, fondateur et PDG, Pipeline

« J'ai l'impression d'avoir une version améliorée de moi-même après avoir parcouru ce livre. Étienne a une connaissance approfondie de l'email marketing. Les analyses immersives, les fiches aide-mémoire et les études de cas fournis avec ce livre ont été inestimables et m'ont épargné des tonnes de travail. Ce livre est un véritable must pour les fondateurs et les spécialistes du marketing en SaaS. » Saroj Ativitavas, cofondateur et PDG, Wisible

« Un livre bien écrit pour ceux qui veulent apprendre le marketing par courriel SaaS de A à Z : comment créer, segmenter et envoyer des campagnes réussies, quels modèles utiliser et comment optimiser les éléments clefs. Étienne Garbugli a rassemblé des dizaines de leçons, qui sont divisées en chapitres logiques et faciles à digérer. Le tout est très facile à lire et extrêmement utile. Je recommande sans *hésiter ce livre !* » Jacek Krywult, PDG, PWSK

« *Le monde serait meilleur si les marketeurs B2B cessaient de spammer et envoyaient davantage de courriels bien ciblés et bien conçus – Et tout le monde vendrait davantage également ! Étienne Garbugli a rassemblé une excellente ressource sans aucun artifice où vous êtes sûr de trouver des conseils et des approches utiles, que vous soyez un pro du marketing par courriel ou que vous débutiez.* » Andrus Purde, fondateur et PDG, Outfunnel

Notes sur la version française

Bien que je sois francophone, l'univers dans lequel j'opère, les startups et les technologies, est grandement influencé par la langue anglaise.

Dans cet univers, les contenus sont souvent écrits en anglais, une grande partie de la terminologie provient de l'anglais et les expériences nous amènent souvent à converser en anglais. Cela explique un peu pourquoi tous mes livres (*Lean B2B*, *Solving Product* et *The SaaS Email Marketing Playbook*) ont d'abord été écrits en anglais.

Traduire, et à certains moments ré-écrire *The SaaS Email Marketing Playbook*, s'est avéré être un défi intéressant. Dans la mesure où j'ai préféré utiliser un maximum de termes français, il est possible que certains termes vous surprennent.

S'il y a des termes avec lesquels vous n'êtes pas familiers, je vous invite à consulter le glossaire en fin de livre ou à me faire parvenir vos questions à l'adresse **etienne@saasplaybook.co**.

Comme les images et exemples utilisés dans la version anglaise ont été modifiés et traduits pour la version française, il est possible que certains d'entre vous désirent néanmoins s'y référer. Vous pouvez télécharger les visuels de la version originale à l'adresse saasplaybook.co/anglais.

J'espère que vous allez aimer *Le Guide de l'Email Marketing SaaS*, c'est un livre que j'ai beaucoup aimé écrire.
– Étienne

I

Introduction

1

Pourquoi ce livre ?

À moins que vous ne travailliez dans une grande entreprise, votre titre professionnel n'est probablement pas celui de « spécialiste du marketing par courriel ».

Il est probable que vous vous soyez porté volontaire ou que vous ayez été choisi comme étant la personne la mieux qualifiée pour gérer l'email marketing.

Dans un cas comme dans l'autre, c'est maintenant à vous qu'il incombe de faire fonctionner le marketing par courriel, ce qui peut être très intimidant. Vous vous demandez peut-être :

- *« Comment démarrer ? »*
- *« Comment concevoir des courriels efficaces alors que l'équipe de design est occupée à concevoir le produit ? »*
- *« Comment rédiger des courriels efficaces lorsque vous n'êtes pas rédacteur vous-même (ou que vous n'en avez peut-être pas dans votre équipe) ? »*
- *« Comment obtenir les bonnes données et les bons segments pour vous assurer que vos courriels atteignent les bons utilisateurs au bon moment ? »*
- *« Comment mesurer le retour sur investissement de vos campagnes ? »*
- *« Comment éviter de brûler votre liste toute entière ? »*

Et plus important encore : « *L'email marketing n'était-il pas censé être mort ? ! »*

C'est ce que j'ai probablement supposé lorsque j'ai débuté chez LANDR, une plateforme SaaS en mode freemium dans le secteur de la musique.

Je me suis un peu tourné vers le courriel en dernier recours. Trop tard...

Comme il a fallu des mois pour démarrer, nous avons probablement perdu beaucoup d'utilisateurs et de revenus.

Il s'avère qu'il est très difficile de réactiver et de réengager les utilisateurs lorsque vous ne leur avez pas envoyé de messages.

Mais c'est aussi la beauté du marketing par courriel SaaS. L'amélioration des conversions a un impact sur les utilisateurs actuels ET les utilisateurs futurs.

En apportant un seul changement aujourd'hui, vous pouvez augmenter considérablement les conversions.

En fait, si vous faites bien votre email marketing, vous pouvez :

- augmenter le taux de réussite de l'onboarding du produit et l'engagement tout au long de la vie du client ;
- augmenter les conversions de la version d'essai à la version payante et les upgrades (mises à niveau) vers des plans payants ;
- augmenter la découverte des fonctionnalités et le taux d'utilisation du produit ;
- réduire le taux d'attrition ; et
- augmenter le revenu moyen par utilisateur (ARPU), les revenus mensuels récurrents (MRR) et la valeur vie client (CLV).

Vous pouvez obtenir les bénéfices de ces augmentations de manière prévisible et répétée. Il vous suffit de disposer des bons processus et des bonnes connaissances.

L'email marketing est l'une des activités qui peut avoir le plus d'impact sur une entreprise SaaS.

J'ai écrit ce livre afin d'aider les équipes produits et les spécialistes du marketing SaaS à tirer parti du courriel pour les aider à faire croître leur entreprise de manière prévisible.

Dans ce livre, vous apprendrez à :

- créer de nouveaux courriels pour influencer les comportements des utilisateurs et leurs décisions d'achat ;
- créer des processus et une structure pour accroître systématiquement les performances de votre programme de marketing par courriel ;
- doubler, tripler ou quadrupler les performances de chaque campagne de courriel que vous envoyez ; et
- éviter les innombrables erreurs que j'ai commises en apprenant le marketing par courriel en mode SaaS.

Après avoir lu ce livre, vous serez en mesure d'augmenter le taux de réussite de votre onboarding, la conversion des versions d'essai en versions payantes et le revenu global grâce au courriel.

Lorsque j'ai débuté chez LANDR, nous n'envoyions que trois courriels automatisés (dont un seul qui fonctionnait). En nous concentrant sur l'envoi du bon courriel au bon utilisateur au bon moment, les performances ont fait un grand bond avec, entre autres, un programme d'upsell (vente incitative) qui a généré jusqu'à 42 % des ventes d'abonnements hebdomadaires.

Ce sont des conversions que nous n'aurions probablement pas obtenues sans le courriel.

Ce livre vous apprendra tout ce que je sais sur le marketing par courriel SaaS.

Une fois optimisés, vos courriels de cycle de vie produiront une croissance et des performances prévisibles, imprimant littéralement de l'argent pour votre entreprise.

Faisons passer votre entreprise au niveau supérieur et ajoutons le marketing par courriel à vos compétences.

Allons-y !

2

Pourquoi le marketing par courriel est toujours important aujourd'hui

Chaque année, on prédit la mort du courriel.

Les réseaux sociaux, le clavardage, la voix, les bots ou même la réalité augmentée ont sûrement eu raison de lui, *n'est-ce-pas* ?

Pourtant, chaque année, le marketing par courriel continue de générer un retour sur investissement (ROI) de 42 dollars pour chaque dollar dépensé[1], bien meilleur que celui du marketing par moteur de recherche et des réseaux sociaux[2].

Pourquoi ?

- Le courriel est direct, il est personnel.
- Il fait déjà partie des habitudes de chacun.
- 99 % des utilisateurs consultent leurs courriels quotidiennement[3].
- Il s'agit d'une méthode push et non pull.

En d'autres termes, si vous avez la permission de contacter vos clients (ce qui devrait être le cas), vos courriels seront *au moins* considérés par vos utilisateurs.

Cela en fait l'un des canaux les plus efficaces pour mobiliser, relancer, vendre et fidéliser les utilisateurs des produits SaaS.

Quelle que soit la qualité de votre produit, il est très probable que 40 à 60 % des utilisateurs de votre version d'essai gratuite ne reviendront pas une deuxième fois pour utiliser votre produit[4].

Cela signifie que vous risquez de perdre plus de 60 % de vos nouveaux inscrits durement obtenus. *Allez-vous tout simplement les laisser partir ?*

Peut-être avez-vous accès à leur numéro de téléphone portable ou à leur profil Facebook. Vous pouvez peut-être envoyer des messages texte ou faire du reciblage, mais ces canaux sont plus coûteux et souvent moins éprouvés que le courriel.

Le courriel demeure, à ce jour, le meilleur canal pour développer des relations et inciter les utilisateurs à revenir utiliser votre produit.

Bien réalisés, les courriels ont le potentiel de changer les opinions et d'influencer les comportements.

Le courriel vous permet de contrôler la relation client. Il peut contribuer au succès de vos promotions, amplifier la découverte des fonctionnalités, augmenter systématiquement les conversions et renforcer les habitudes de vos utilisateurs.

En d'autres termes, il peut vous aider à optimiser le succès de vos clients tout en vous permettant de vous consacrer à d'autres activités à fort effet de levier, comme le développement de votre produit.

Vous n'avez pas besoin d'être un maître de la rédaction (ou de compter sur un rédacteur dans votre équipe) pour envoyer des courriels efficaces.

Dans le prochain chapitre, je vous montrerai comment utiliser les courriels pour faire croître votre entreprise.

3

La bonne façon d'approcher le courriel et l'automatisation du marketing

J'ai fait mes premiers pas dans le marketing par courriel en 2005. À l'époque, je travaillais pour une chaîne de magasins au Canada nommée Bikini Village. Nous avions créé un jeu Flash qui était devenu un phénomène viral. Grâce à cette campagne, nous avions acquis plus de 300 000 adresses de courriel.

Et par là, je veux dire *uniquement* des adresses de courriel.

Si nous avions parfois réussi à obtenir le nom et le prénom de l'abonné, ses préférences en matière de marques et (parfois) son magasin d'origine, l'adresse de courriel était généralement la seule information que nous avions.

Peu après, nous avons entrepris l'envoi d'infolettres dans le but de développer les relations et de monétiser notre « base de données ».

Cependant, nous envoyions le même message à tous les destinataires, quel que soit :

- le contexte - d'où ils s'étaient inscrits ;
- le temps écoulé - les nouvelles et les anciennes inscriptions étaient

traitées de la même manière ;
- les comportements d'achat antérieurs et les intentions d'achat - peu importe les produits qui intéressaient les abonnés ;
- leurs préférences ; ou
- leurs comportements.

Tout ce que nous faisions était une simple répartition linguistique. Nous avions une liste pour les francophones et une autre pour les anglophones.

Cela a mené à des résultats qui étaient *corrects* pour l'époque, mais pas extraordinaires.

Et c'est tout à fait logique selon moi.

Les avantages étaient fades et génériques, les visuels n'étaient pas adaptés à un segment spécifique et le message n'était pas personnel, ni même pertinent pour la plupart des destinataires.

Mais ceci était en 2005.

Malheureusement, ce sont les mêmes erreurs que de nombreux spécialistes du marketing commettent encore aujourd'hui.

L'une des principales raisons de ces erreurs provient du fait que les spécialistes du marketing perçoivent une liste de courriels ou d'utilisateurs comme une simple *liste*. Et cette façon de penser mène à considérer les utilisateurs comme un ensemble homogène.

Par conséquent, les spécialistes du marketing décident d'envoyer les mêmes courriels à tous leurs clients, sans tenir compte du contexte de chaque destinataire, et à utiliser des infolettres pour susciter de l'engagement.

C'est la seule chose que tout le monde trouvera pertinente, *n'est-ce-pas* ?

Cette approche se traduit par des campagnes de courriel peu performantes, des contacts qui perdent leur intérêt et une sous-appréciation de la valeur du marketing par courriel.

La maîtrise de l'email marketing SaaS nécessite un changement de mentalité.

Pour obtenir de bons résultats, vous devez renoncer à penser en termes de *liste* pour penser en termes de *base de données*, et comprendre que vos contacts ont des expériences et des caractéristiques distinctes.

Ceux-ci peuvent différer en termes de leurs dates d'inscription, de leurs niveaux de motivation, de leurs langues, de leurs préférences, de leurs achats, de leurs plans d'abonnement, de leurs objectifs, de leurs points de vue, etc.

Ne vous méprenez pas par contre ! Chaque personne figurant sur vos listes de contacts mérite toujours d'être contactée, mais pas pour les mêmes raisons.

L'automatisation du marketing par courriel permet l'envoi de communications personnalisées à grande échelle afin que vous puissiez :

- envoyer le bon message, au bon moment, aux bons utilisateurs ;
- passer d'une vision de type « liste » à une vision de type « base de données » et « marketing relationnel » ;
- passer de l'utilisation de campagnes uniques à l'utilisation de processus automatisés ; et
- passer de l'approche unique à des communications adaptées et personnalisées.

Ce changement de mentalité vous permettra d'accroître les performances tout au long du parcours client et d'améliorer la relation client. Plus important encore pour vos utilisateurs, cela améliorera leur expérience et réduira le nombre de contacts et de clients potentiels que vous gaspillerez.

Les entreprises SaaS sont par défaut relationnelles et axées sur les données : votre marketing par courriel doit l'être également.

L'époque de l'envoi de courriels en masse est révolue. Il est temps de changer votre façon de faire et de commencer à voir chaque contact comme ce qu'il est vraiment : une personne, comme vous et moi.

Ce livre vous aidera à mieux les servir.

4

Comment utiliser ce livre

Chez LANDR, nous envoyions 300 courriels différents et nous ajoutions de nouvelles versions linguistiques presque tous les mois.

Pour *Lean B2B*, j'envoie environ 40 courriels différents.

Pour *Highlights*, l'entreprise SaaS que j'ai cofondée, nous avions une trentaine de courriels et de messages In-App qui étaient envoyés à tout moment.

Il est très probable qu'à ce stade vous n'êtes pas aussi convaincu que moi de la valeur du marketing par courriel.

Mais si vous avez acheté ce livre, c'est probablement parce que vous avez l'intuition que le marketing par courriel peut avoir un impact important sur votre entreprise. Et c'est tout à fait raisonnable.

Ma réponse est la suivante : **laissez d'abord le courriel vous prouver sa valeur**.

Le contenu de ce livre a été conçu par strates :

- Tout d'abord, il contient tout ce dont vous avez besoin pour créer un programme de marketing par courriel de base. Cependant, si vous voulez aller plus loin, il y a suffisamment de contenu pour vous permettre d'aller très, très loin.
- Dans la section Stratégie, nous examinons les principales phases du modèle SaaS, les séquences de courriel de base et les stratégies de segmentation des données.
- La section Exécution couvre le cadencement, la rédaction et l'analyse des courriels après leur envoi.
- De plus, le livre est parsemé de conseils avancés sur le reporting (création de rapports), la gestion des données, l'optimisation, la structure d'équipe, etc.

Ce livre *devrait* vous permettre de générer de l'argent. Beaucoup d'argent !

Il devrait vous permettre d'augmenter de manière prévisible le taux d'utilisation, les ventes et la fidélisation de vos clients.

Vous pouvez le lire à votre propre rythme - il n'est pas nécessaire d'optimiser si vous n'avez pas la bande passante nécessaire pour optimiser correctement vos campagnes.

Commencez par les bases, voyez comment les performances évoluent, et laissez l'email marketing démontrer sa valeur. Les tactiques avancées seront à votre disposition lorsque vous serez prêt à les utiliser.

Ce livre a pour but de susciter de l'action et de vous aider à développer votre entreprise. Si vous n'avez pas l'intention de poursuivre votre démarche, je vous rembourserai volontiers l'argent que vous avez dépensé.

Mais si vous pensez que le marketing par courriel peut aider votre entreprise, vous verrez exactement par où commencer dans la section suivante.

Continuons !

II

Stratégie

5

Le marketing par courriel n'a pas besoin d'être compliqué

Nous avons déjà souligné l'importance de percevoir votre liste d'utilisateurs davantage comme une base de données que comme une liste de contacts. Et, comme nous l'avons expliqué, cela signifie que chaque utilisateur a des caractéristiques différentes et doit être traité différemment.

Cela signifie donc que vous devez créer des centaines et des centaines de courriels, *n'est-ce pas* ?

Non.

Lorsque nous avons commencé à travailler sur l'augmentation des upsell sur l'ensemble de notre base d'utilisateurs chez LANDR, certains de nos utilisateurs étaient déjà inscrits depuis deux ans.

Pour débuter, nous avons recherché des comportements à cibler parmi les cohortes d'inscriptions (groupes d'utilisateurs définis par leur période d'inscription commune) et les segments. Ceci nous a permis d'identifier des utilisateurs réguliers, des désabonnés, des utilisateurs qui achètent beaucoup de produits uniques, etc. Nous avons pu trouver des dizaines et des dizaines de comportements à cibler. Pour tâter le terrain, nous avons ensuite utilisé des messages d'upsell qui avaient fait leurs preuves.

Lorsque nous avons commencé à ajouter davantage de courriels et que les revenus ont commencé à augmenter, nous avons été confrontés à des problèmes de chevauchement des campagnes de courriel. Certains utilisateurs recevaient des offres et des messages différents le même jour, ou au cours de la même semaine, alors que d'autres ne recevaient absolument aucun courriel de notre part.

Notre équipe de support était excédée. Nous étions en difficulté. Au fil des changements de saison, le volume des courriels fluctuait. La situation était chaotique. Il était clair que notre programme n'allait pas pouvoir se déployer davantage.

Les mécaniques des entreprises SaaS sont *prévisibles*.

Que ce soit B2B, B2C, entreprise, PME, utilisateurs/entreprises, le parcours typique SaaS est plutôt uniforme :

1. Les gens s'inscrivent, ou vous leur créez un compte.
2. Ils sont intégrés (onboarded).
3. Vous essayez de les convaincre de devenir des clients.
4. Ils achètent, ou pas.
5. Ils deviennent actifs, ou pas.
6. Ils se désabonnent, ou pas.

C'est l'une des raisons pour lesquelles le modèle AARRR de Dave McClure[5] (métriques pour les pirates) est une excellente façon d'assurer le suivi du statut des usagers.

En effet, les utilisateurs ne se trouvent que dans un seul stade *principal* à la fois : Onboarding OU Abonné payant OU Désabonné.

Les problèmes que nous avions identifiés nous ont menés à l'élaboration d'une approche que nous avons nommée « l'approche de la voie ferrée ».

Selon cette approche, chaque utilisateur doit être sur la voie ferrée la plus appropriée selon son comportement. À chaque « gare », nous, l'entreprise, déterminons le programme de communication le plus adapté au comportement actuel de cet utilisateur. Lorsque les utilisateurs changent de statut, ils passent à une autre voie ferrée.

Par exemple, l'entreprise Wistia, spécialisée dans les analytiques vidéo, utilise trois voies uniquement pendant l'essai gratuit des utilisateurs :

- onboarding ;
- réalisation du moment Aha ;
- conversion.

Chez LANDR, nous avions des voies pour :

- l'onboarding ;
- les abonnés payants ;
- les utilisateurs onboarded qui ont refusé de mettre à niveau leurs comptes ;
- les désabonnés ;
- la réactivation.

Tous ces programmes avaient des points de départ et d'arrivée spécifiques, ainsi que leurs propres objectifs.

Pour l'onboarding, il s'agissait de l'activation, c'est-à-dire le moment où les utilisateurs devenaient des utilisateurs actifs du produit. Pour les abonnés payants, il s'agissait de la rétention. Pour les désabonnés, il s'agissait du réabonnement.

L'approche « voie ferrée » nous a permis de minimiser les chevauchements et de nous assurer qu'aucun utilisateur n'était oublié. Elle a permis de simplifier le suivi des utilisateurs tout au long du parcours client au fur et à mesure que LANDR se développait et grandissait.

Vos courriels sont censés aider les utilisateurs à passer par les cinq niveaux de sensibilisation :

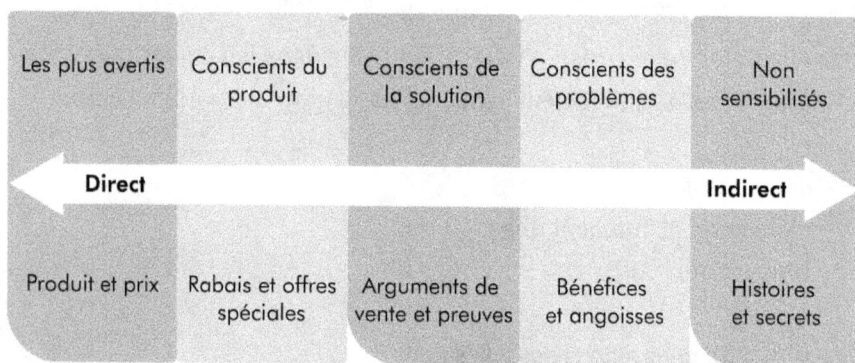

Les plus avertis	Conscients du produit	Conscients de la solution	Conscients des problèmes	Non sensibilisés
Direct				**Indirect**
Produit et prix	Rabais et offres spéciales	Arguments de vente et preuves	Bénéfices et angoisses	Histoires et secrets

Figure 5.1 – Les « cinq niveaux de sensibilisation » d'Eugene Schwartz

Comme le dit Joanna Wiebe, experte en rédaction : « Ce n'est pas (censé être) une collection de courriels aléatoires – c'est un entonnoir. »

Vous pouvez décider de faire les choses à la dure en ajoutant individuellement des courriels dans un bassin de courriels, en excluant les campagnes les unes des autres (s'il vous plaît, ne faites pas ça !), ou vous pouvez créer des programmes et suivre le parcours de vos utilisateurs à travers ces programmes.

Ce livre traite de cette dernière approche.

Au fil des prochains chapitres, nous définirons les voies à utiliser pour votre entreprise selon vos objectifs d'affaires.

6

Les étapes clef SaaS, expliquées simplement

Les entreprises SaaS ont un fonctionnement étonnamment similaire.

Les utilisateurs ou les clients s'inscrivent. Ils procèdent à la découverte de la valeur du produit. Ils sont soit convaincus de sa valeur ajoutée ou ils ne le sont pas. S'ils le sont, ils s'abonnent, sont fidélisés et (avec un peu de chance) recommandent le produit. S'ils ne le sont pas, ils se désabonnent.

Peu importe que votre entreprise soit B2B ou B2C, que ce soit vous qui créiez les comptes des clients ou qu'ils le fassent eux-mêmes, qu'ils paient avant d'utiliser le produit ou après une période d'essai, ou qu'ils procèdent à une mise à niveau selon leurs propres conditions dans le cadre d'un modèle freemium. Ce sont là les étapes clefs sur lesquelles vous devez vous concentrer.

Cela signifie qu'il n'y a vraiment que quelques moments clefs qui importent :

1. **Inscription** : la création initiale du compte ;
2. **Activation** : le moment où l'utilisateur perçoit la valeur du produit ;
3. **Conversion** : le moment où l'utilisateur accepte de faire glisser sa carte

de crédit pour acheter le produit, ou lorsqu'un collègue le fait pour lui ;

4. **Réachat ou rétention** : lorsque l'utilisateur *accepte* de renouveler son abonnement pour un deuxième mois ou une deuxième année ;

5. **Recommandation** : lorsque l'utilisateur recommande votre produit à d'autres clients potentiels.

Décomposer l'expérience client SaaS en ces étapes permet de créer des points de départ et d'arrivée clairs pour chaque voie. Il est utile de comprendre que l'étape qui suit l'inscription est l'activation et que la rétention est la première étape pour un nouvel abonné payant.

Ces étapes vous donnent une orientation, une structure vous permettant d'analyser le statut des utilisateurs et des objectifs pour les étapes subséquentes.

Dans le prochain chapitre, nous examinerons les séquences de courriels principales et les courriels les plus importants de chaque séquence.

7

Les 6 séquences de courriels dont vous aurez besoin (et les courriels clefs qu'elles contiennent)

Inscription, activation, conversion, réachat et recommandation.

Nous connaissons les étapes jalons principales, *que faire maintenant ?*

Votre rôle en tant que spécialiste du marketing par courriel - ou en tant que personne essayant de le devenir - est d'aider à accélérer la transition d'une étape à l'autre.

Entre chacune de ces étapes, il y aura des victoires (utilisateurs qui passent à l'étape suivante) et des échecs (utilisateurs qui restent bloqués à l'étape précédente). Malgré tous vos efforts, certains utilisateurs n'activeront pas leur compte, certains n'achèteront pas et d'autres se désabonneront.

Vous devez gérer à la fois les utilisateurs qui obtiennent du succès avec votre produit et ceux qui n'y arrivent pas. Chaque séquence et chaque étape requiert son propre ton, ciblage et ses propres objectifs.

Examinons les différentes séquences et les meilleures façons de les aborder.

1. De client potentiel à l'inscription

Premièrement, *avez-vous accès aux courriels des clients potentiels avant leur inscription ?*

Vous avez peut-être une infolettre, des inscriptions à votre blogue, des listes de clients potentiels ou une liste de pré-lancement que vous aimeriez nurturer (développement des relations) afin de convaincre les abonnés de s'inscrire à votre produit. Dans ce cas, l'objectif de votre première séquence sera de persuader ces abonnés de la valeur ajoutée de votre produit.

Pour cette séquence, vous devez trouver un équilibre entre ce à quoi les clients potentiels ont souscrit (mises à jour de contenu, par exemple) et les sollicitations poussant à l'inscription.

Le ton de cette séquence doit être plus posé. Les principaux courriels seront le courriel de bienvenue de votre séquence et votre invitation à l'inscription.

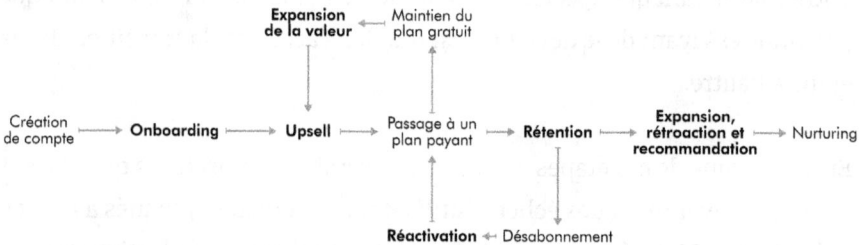

Figure 7.1 - Le programme de cycle de vie SaaS

2. De l'inscription à l'activation (aussi appelé « onboarding »)

Vos objectifs pour cette phase sont de présenter la valeur de votre produit et de vous assurer que les utilisateurs obtiennent les résultats escomptés avec votre produit.

Le ton de cette séquence doit être informatif et aller droit au but.

Les courriels doivent être axés sur la découverte, l'atténuation des objections et la familiarisation avec le produit.

Les courriels clefs seront votre courriel de bienvenue et vos premiers courriels d'onboarding. Non seulement ces courriels seront ouverts plus fréquemment que tous les autres que vous enverrez (effet de nouveauté), mais ils vous permettront également de capitaliser sur le momentum suscité par l'inscription initiale (enthousiasme).

Si les utilisateurs tardent à activer leur compte, il y a de fortes chances qu'ils n'utilisent jamais votre produit.

Vous devrez donc prévoir que certains utilisateurs n'activeront pas leurs comptes. Chez LANDR par exemple, nous expérimentions avec des communications basées sur le temps nécessaire aux utilisateurs pour activer leur compte – la vélocité d'activation. Ce facteur peut être intéressant à prendre en compte lorsque vous travaillez sur l'onboarding de votre produit.

3. De l'activation à l'achat (aussi appelé « upgrade »)

Le courriel clef de cette séquence est le courriel d'upgrade. Ce courriel peut être un peu plus insistant, ou plus vendeur, afin de stimuler les ventes.

Ici, vos objectifs sont de confirmer la valeur du produit, de rappeler à l'utilisateur à quel point le produit est utile et de profiter du momentum de l'activation si l'utilisateur est actif avec votre produit.

Cette séquence ne se termine pas nécessairement par l'upgrade. Si vos utilisateurs n'achètent pas et décident de demeurer sur votre plan gratuit ou de terminer leur essai, vous pouvez leur fournir des raisons supplémentaires de s'abonner en leur envoyant des courriels présentant d'autres bénéfices de votre produit : « Hey, notre produit vous permet également de faire X ».

C'est toujours une bonne idée de faire plusieurs essais afin de convaincre les clients potentiels d'acheter. Vous pouvez attendre un certain temps puis aborder la vente sous un autre angle. Nous évaluerons quelques façons de procéder au cours du chapitre consacré à l'upgrade, l'upsell et aux revenus d'expansion.

4. De la conversion à la fidélisation

Votre séquence de courriel de rétention peut techniquement durer une éternité. Pour cette raison, et parce que vous communiquez avec vos clients les plus importants, elle nécessite une approche et un ton différents.

Bien que les objectifs puissent varier en fonction de vos objectifs commerciaux (rétention pure, expansion des revenus, découverte de nouvelles fonctionnalités, etc.), l'objectif principal demeure la fidélisation et le réachat. La meilleure façon d'y parvenir est de rappeler à vos abonnés toute la valeur qu'ils obtiennent grâce à votre produit.

Ceci peut se faire par le biais d'une extension des fonctionnalités, de courriels transactionnels et de courriels de lancement qui présentent une valeur plus importante ou différente de votre produit, ou qui leur rappellent la valeur qu'ils retirent personnellement du produit avec, par exemple, un courriel récapitulatif.

TextExpander est un produit qui le fait très bien. Chaque mois, un courriel récapitulatif m'indique combien de temps j'ai économisé grâce à leur produit:

Votre rapport mensuel de TextExpander

Bonjour [Prénom],

Rappel de paiement :

Ceci est un simple rappel que votre facturation annuelle est prévue dans les **30 prochains jours.**

Voici comment vous avez utilisé TextExpander au cours du dernier mois :

787
snippets développés

1h 26m
économisée

Vous vous débrouillez bien, continuez ainsi !

Voici quelques ressources qui vous donneront des idées pour créer encore plus d'extraits de code.

Consultez **nos groupes publics** afin de trouver d'autres groupes d'extraits de code prêts à l'emploi que vous pouvez utiliser.

Nous avons beaucoup d'idées pour de nouveaux extraits de code dans notre **centre de conseils.**

TextExpander regorge de fonctionnalités intéressantes pour vous aider à automatiser votre flux de saisie. Nos **vidéos** vous en diront plus.

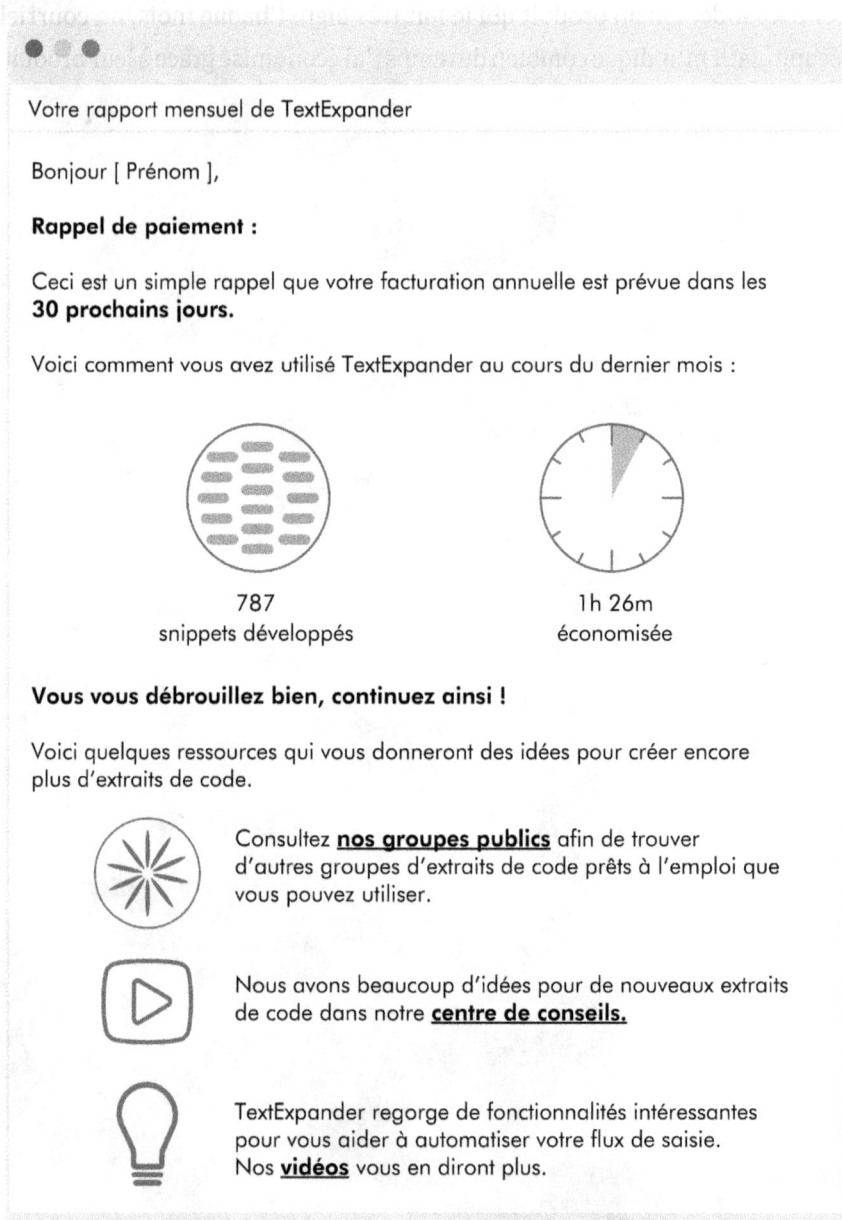

Figure 7.2 – Le courriel récapitulatif de TextExpander

5. De la fidélisation à l'expansion

Autrement, vous pouvez également vous efforcer de faire passer vos abonnés mensuels à des abonnements annuels. Cette stratégie peut être très efficace lorsque les utilisateurs sont déjà satisfaits de votre produit. Vous pouvez simplement leur expliquer combien d'argent ils pourraient économiser en souscrivant à un abonnement annuel, faire une offre spéciale et voir les fonds affluer. Vous n'aurez peut-être même pas besoin d'offrir une réduction pour obtenir des upgrades.

Cette approche vous permettra d'améliorer votre situation financière et de réduire votre taux d'attrition.

En fonction de votre objectif, vous pouvez également opter pour l'expansion des revenus : *Voulez-vous augmenter le nombre de sièges utilisateurs ? L'utilisation de certaines fonctionnalités ?*

Examinez l'utilisation de votre produit et, lorsqu'un utilisateur est à moins de 20 % de la valeur maximale d'une value metric clef (ce que vous facturez et comment vous le facturez), envoyez un courriel avec une offre de mise à niveau du compte vers un abonnement plus onéreux. Testez différents rabais et offres et observez les résultats.

Cette technique fonctionne très bien, et elle est simple à mettre en place.

6. De la fidélisation à la recommandation

Si votre entreprise a un modèle freemium, vous pouvez demander aux abonnés payants et aux utilisateurs gratuits de recommander votre produit à des clients potentiels.

Toute séquence de courriel de recommandation devra probablement être envoyée en parallèle d'autres séquences de courriel.

Pour réussir à obtenir des références, c'est souvent une bonne idée d'envoyer des sondages NPS (Net Promoter Score), des sondages standardisés évaluant la probabilité que les utilisateurs recommandent votre produit.

Sur la base de notes allant de 0 à 10, vous pouvez déterminer quels utilisateurs sont passifs, promoteurs ou détracteurs.

Demandez à vos promoteurs (notes de 9 ou 10) de vous aider à obtenir des avis ou des témoignages, ou incitez-les à inviter d'autres utilisateurs.

Puisque vous interagissez avec vos supporteurs, le ton doit être plus décontracté et reconnaissant.

Les courriels clefs pour cette séquence seront votre sondage NPS et votre demande de référence. Nous examinerons en détail la séquence de recommandation dans l'analyse immersive à la fin de ce livre.

Onboarding	Établir la valeur du produit	Courriel de bienvenue et premier courriel d'onboarding
Upsell	Confirmer la valeur du produit	Courriel d'upgrade
Rétention	Renforcer la valeur perçue du produit	Upsell annuel + courriels transactionnels
Réactivation	Restaurer la perception de la valeur du produit	Offre d'upsell + courriel de cueillette de rétroactions
Expansion de la valeur	Augmenter la perception de la valeur du produit	Courriel pivot + courriel d'upsell
Nurturing	Rester « Top of Mind »	Courriels de lancement de fonctionnalités
Expansion	Augmenter l'ARPPU	Courriel d'upsell
Recommandation	Augmenter les parrainages	Sondage NPS + courriels de recommandation
Rétroaction	Recueillir des informations	Courriels d'invitation à un sondage ou à une entrevue

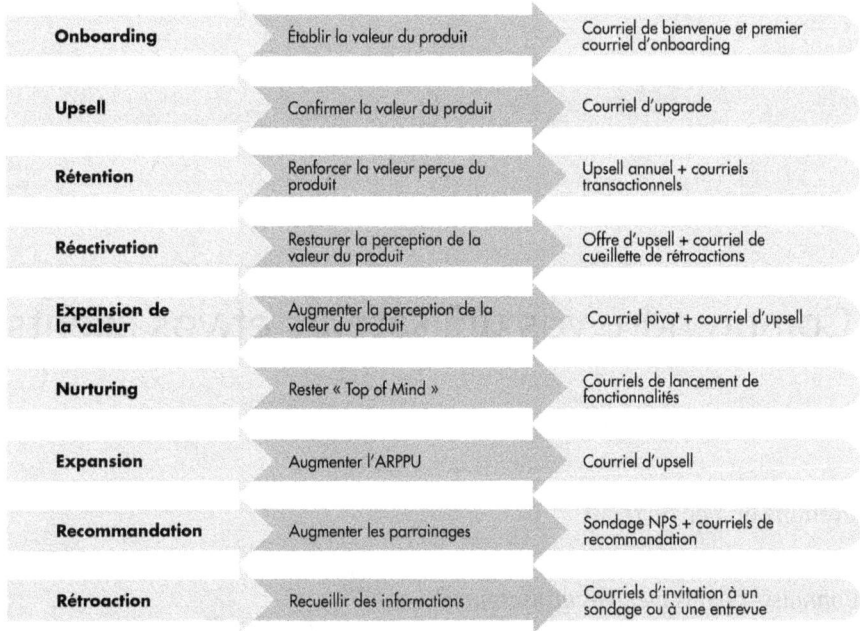

Figure 7.3 - Objectifs des séquences et courriels clefs

Vous souhaiterez probablement continuer de développer et ajouter d'autres séquences par la suite (réactivation, commentaires sur le produit, etc.), mais les séquences présentées dans ce chapitre constituent les bases essentielles de votre programme de courriel.

Afin de débuter la définition et cartographie de vos « voies ferrées », vous pouvez télécharger le gabarit disponible à l'adresse saasplaybook.co/voies-ferrees.

Commencez par ces séquences et ces courriels. Laissez les résultats vous convaincre. Puis continuez à développer votre programme lorsque les résultats seront au rendez-vous.

8

Comprendre vos utilisateurs et vos clients

Prenons un peu de recul.

Connaissez-vous bien vos utilisateurs ?

Ont-ils des profils similaires ou des profils distincts ?

Qu'essaient-ils réellement de faire avec votre produit ?

Même si vous ciblez un type de client très précis, il y a de fortes chances que vous ayez affaire à des rôles et des profils d'utilisateurs très différents.

Ces variations de profils peuvent peut-être être considérées comme « marginales », ou non.

Si vous ne l'avez pas encore fait, je vous recommande vivement d'organiser une série d'entrevues afin de mieux comprendre les nouveaux inscrits à votre produit.

Pour ce faire, examinez les inscriptions des derniers mois et créez trois catégories :

- **Vos meilleurs clients** : les 1 % les plus importants en termes d'engagement et de revenus ;
- **Les prochains meilleurs** : les clients classés dans les 2 à 10% du haut du classement ;
- **Vos pires clients** : les 10 % les moins performants.

Selon votre degré de technicité, vous pouvez trouver ces utilisateurs à l'aide de SQL, d'un CRM, d'exportations de bases de données ou en examinant les analytiques de personnes dans des logiciels comme Mixpanel, Amplitude ou Intercom.

Vous devez vous concentrer sur ces trois groupes, car le premier pour cent représente les « fans » de votre produit, vos ambassadeurs.

Les dix pour cent suivants vous offrent un bon point de comparaison. Ils peuvent révéler des opportunités qui pourraient vous aider à créer une expérience exceptionnelle.

Les dix pour cent du bas du classement vous aident à définir ceux que vous ne devriez probablement pas cibler, vos anti-personas[6].

Contactez des utilisateurs dans chacun de ces groupes. Organisez des entrevues de 20 minutes, soit par téléphone, soit face à face si possible.

Vous devriez réaliser des entrevues de type Switch basées sur la théorie « Jobs to be Done » – les meilleures entrevues afin de comprendre le processus de décision menant à l'utilisation ou à l'annulation d'un produit.

Ces entrevues sont excellentes pour les inscriptions, mais aussi pour les achats et les annulations.

Vous pouvez trouver le modèle de questionnaire que j'utilise à l'adresse saasplaybook.co/entrevues.

Les questions à poser sont les suivantes :

- *Quand avez-vous acheté le produit ?*
- *Y a-t-il quelqu'un d'autre qui a pris part à la décision ?*
- *Que se passait-il dans votre vie lorsque vous avez réalisé que vous aviez un problème ? Comment l'avez-vous su ?*
- *Où étiez-vous ? Que faisiez-vous ?*
- *Quels types de solutions avez-vous essayés ? Ou n'avez-vous pas essayés ? Pourquoi ? Pourquoi pas ?*
- *Comment avez-vous entendu parler de notre produit pour la première fois ? Que saviez-vous à son sujet à ce moment-là ?*
- *Pourquoi avez-vous décidé de passer à l'action ?*
- *Pourquoi vous êtes-vous inscrit ?*

Votre objectif principal est de comprendre ce que vos clients potentiels tentent d'accomplir avec votre produit.

Au cours de ces entretiens, veillez à poser des questions ouvertes (« Pourquoi ? », « Comment ? » et « Quoi ? », et non « Qui ? », « Où ? » ou « Quand ? »), évitez les questions suggestives du type « **Ne pensez-vous pas** que ce soit une bonne idée ? » et écoutez beaucoup plus que vous ne parlez.

Le ratio devrait être de 90 % d'écoute et de 10 % de parler. Il est important de noter qu'il ne s'agit pas de discussions, mais bien d'entrevues. Votre objectif est d'apprendre, pas de discuter.

Interviewez 10 à 20 utilisateurs par segment, davantage s'il y a des tendances que vous désirez explorer plus en profondeur. Une fois que vous avez terminé, examinez les données :

- *Y avait-il des profils très différents ?*
- *Y a-t-il des opportunités d'ajouter de la valeur et d'améliorer vos communications produit ?*

· *Devriez-vous créer une segmentation plus approfondie ?*

Utilisez ces informations en conjonction avec les analyses que vous effectuerez au cours des prochains chapitres.

Dans le prochain chapitre, nous examinerons de plus près vos utilisateurs et votre stratégie de segmentation.

9

Comprendre les données de segmentation

Il est inutile de comprendre ses utilisateurs si l'on ne peut pas communiquer avec eux de manière spécifique.

Pour être en mesure de rejoindre les bons utilisateurs au bon moment, vous aurez besoin d'une segmentation.

Il existe quatre manières principales de segmenter des utilisateurs :

1. À l'aide de personas d'utilisateur ou d'acheteur

Nous avons brièvement abordé les personas dans le chapitre précédent. À moins que vous ne puissiez transformer les données sur le comportement des utilisateurs en personas identifiables (ce qui est difficile, mais *pas* impossible), vous allez devoir trouver un moyen de les classer par personas.

Cela peut se faire par le biais d'une auto-identification dans le cadre d'un sondage, par le biais de vérifications manuelles en examinant les inscriptions à la fois (cette méthode prend beaucoup de temps et est souvent plus réaliste si vous visez des entreprises), ou en utilisant des processus d'acquisition spécifiques (par exemple en traquant les inscriptions provenant d'une page de destination ciblant spécifiquement les dentistes).

Toutes ces approches peuvent vous aider à identifier les données des personas.

2. À l'aide de données implicites

Les données implicites sont des informations qui sont déduites à partir d'autres données. On peut considérer qu'il s'agit de « théories » sur vos utilisateurs ou, plus généralement, sur votre marché.

Par exemple, les inscriptions qui proviennent de canaux organiques ont tendance à manifester une intention d'achat plus élevée et à mieux convertir les clients potentiels.

Cette « théorie » pourrait être utilisée pour orienter les communications et la segmentation. Vous pourriez par exemple faire progresser ces utilisateurs plus rapidement dans votre entonnoir d'achat ou modifier la façon dont vous communiquez avec eux.

Il est souvent nécessaire de réaliser de nombreuses analyses afin de pouvoir utiliser des données implicites dans le cadre de votre stratégie de segmentation. Soyez conscient du coût de cette démarche.

3. À l'aide de données explicites

Les données explicites sont des informations saisies par le biais d'un formulaire, d'un sondage ou d'un processus de configuration. Les personnes qui s'inscrivent - ou qui vous fournissent les informations - sont conscientes que des questions leur sont posées, et elles vous donnent des réponses délibérément.

Les biais et les erreurs de saisie de données peuvent nuire à votre segmentation. Par contre, ce type de données est parfois celui qui a le plus de valeur.

Il est toujours nécessaire de trouver le juste milieu entre demander davantage d'informations (plus de champs signifie généralement moins de complétions) et inciter les gens à s'inscrire et à procéder rapidement.

Il est d'autant plus important d'être conscient de la friction que vous pouvez ajouter en recueillant des informations additionnelles avant même que l'utilisateur ait été convaincu de la valeur de votre produit.

4. En s'appuyant sur des modèles comportementaux

La segmentation comportementale exploite les données de transaction et d'engagement afin de créer des « profils ».

Un modèle populaire de segmentation comportementale est le modèle RFM.

RFM signifie :

- **Récence** : *À quand remonte le dernier achat du client ?*
- **Fréquence** : *À quelle fréquence achète-t-il ?*
- **Montant** : *Combien dépense-il ?*

Bien que le modèle RFM soit plus couramment utilisé dans le commerce électronique, il peut également être efficace en SaaS.

Un problème courant lorsqu'on utilise le ciblage comportemental pour les campagnes de courriel est que les volumes d'envoi ont tendance à varier en fonction de l'engagement et des achats. Pour cette raison et en raison de la saisonnalité, les volumes d'envoi peuvent varier considérablement tout au long de l'année.

Dans le cas de la segmentation, moins, c'est plus.

Une segmentation simple permet d'éviter les problèmes et rend également plus facile la collaboration sur les campagnes, car tous peuvent comprendre le ciblage de manière identique.

Il est aussi plus facile de rédiger et d'évaluer des comportements et des ciblages bien définis. Il sera toujours plus facile d'écrire un courriel pour les dentistes de Bretagne, que pour des personnes ayant deux sessions d'utilisation et une adresse de courriel Gmail. Moins de projection est nécessaire afin de rédiger le courriel.

Bien que nous avions accès à une tonne de données explicites, implicites et comportementales chez LANDR, nous nous appuyions principalement sur des personas explicites pour notre segmentation.

Bien que les données de nos personas (basées sur des rôles) présentaient certains problèmes, elles nous permettaient de trouver le meilleur équilibre entre la simplicité de la collecte de données et la précision du ciblage.

Vos critères de segmentation sont peut-être limités par votre configuration analytique ou par les données que votre plateforme de marketing par courriel peut exploiter.

Dans le cas d'Highlights, nous envoyions les événements clefs du produit à Intercom, notre plateforme de marketing par courriel pour le ciblage comportemental. Cela nous a permis d'envoyer différents courriels de suivi personnels en fonction de l'utilisation et de la configuration du produit.

Il est essentiel de comprendre le concept de la segmentation. C'est ce qui vous permettra de joindre les bons utilisateurs au bon moment, de créer une meilleure expérience client et de réduire le risque de surcharger vos utilisateurs.

Au cours des prochains chapitres, nous examinerons les différents types de données que vous devez envoyer à votre plateforme de marketing par courriel pour que votre segmentation puisse fonctionner.

10

Cartographier les parcours clients

Une erreur courante commise par les entreprises est de songer au marketing par courriel de manière isolée, comme une activité bien distincte de toutes les autres interactions qu'elles ont avec leurs clients potentiels, utilisateurs et clients.

En réalité, les courriels de marketing sont rarement les seuls « courriels » que les utilisateurs et les clients potentiels reçoivent de la part des entreprises, et, du point de vue des utilisateurs, tous les courriels s'additionnent.

C'est pourquoi il est important de considérer la totalité des communications des utilisateurs lors de l'évaluation de la situation existante.

Cela peut signifier :

- **Les courriels transactionnels** : Pour diverses raisons (coût, nécessité d'utiliser du contenu variable ou facilité de déploiement pour les développeurs), de nombreuses entreprises utilisent à la fois une plateforme de courriel transactionnel et une plateforme de courriel marketing. Il en résulte souvent une expérience décousue pour les utilisateurs.
- **Les reçus de transaction** : *Vos solutions de comptabilité ou de paiement*

contactent-elles les utilisateurs en votre nom ? Il est important de le savoir !

- **Les logiciels de suivi d'incidents, de service à la clientèle et les plateformes de gestion de la réussite des clients** : *Est-ce que vos plateformes envoient des courriels pour le suivi ou la rétroaction ? Est-ce que votre CRM ou votre équipe de vente contacte ou recontacte les utilisateurs en votre nom ? Est-ce que votre équipe de contenu envoie des infolettres ? Peut-il y avoir des chevauchements entre ces différents destinataires ? Y a-t-il d'autres systèmes de support qui contactent vos utilisateurs ?*

Passez en revue l'ensemble de votre entreprise. Assurez-vous de bien comprendre *toutes* les manières dont les utilisateurs et les clients potentiels sont contactés par votre organisation.

À moins que vous ne remplaciez ces moyens, tout ce que vous ajouterez viendra *s'ajouter* aux communications déjà existantes.

Essayez de vous faire une idée précise des parcours des clients : de la première intention (awareness) à l'inscription, et même au-delà. L'expérience client ne commence pas au moment de l'inscription. Elle commence lorsque les clients potentiels sont exposés à votre marque pour la première fois, que ce soit par le biais de publicités, de résultats de recherche ou d'évaluations de produits.

Identifiez vos cinq principaux canaux d'acquisition. Vous pouvez le faire à partir de Google Analytics sous Acquisition et Canaux définis par défaut, ou via les rapports Source/Support.

Examinez le parcours de vos utilisateurs, de l'interaction initiale avec le canal d'acquisition à la page de destination, en passant par les processus d'inscription et d'onboarding, puis par vos communications. Plus votre programme est éparpillé, plus il sera difficile de reconstituer l'expérience.

Vous spammez (pourriel) peut-être déjà vos utilisateurs sans même vous en rendre compte (malheureusement, cela arrive souvent).

Essayez de comprendre tout écart entre les attentes et la réalité ainsi que les incohérences. Plus l'histoire que vous racontez est incohérente, plus votre entonnoir sera perméable. Vous devez relater la même histoire du début à la fin. Ainsi, vous amplifierez le message et contribuerez à la réalisation de vos objectifs commerciaux. Tout élément racontant une histoire différente suscitera des doutes dans l'esprit de vos utilisateurs.

Il est possible de mener des entrevues avec les utilisateurs qui se sont inscrits par le biais de vos cinq canaux principaux, afin d'obtenir leurs impressions sur l'expérience (si ce n'est pas déjà fait).

Vous pourrez leur poser des questions telles que :

- *Est-ce que l'expérience vous a paru éparpillée ?*
- *Qu'est-ce qui a été bénéfique ?*
- *Qu'est-ce qui a nui ?*

Cartographiez le processus complet. S'il y a des éléments qui ne contribuent pas à faire avancer la relation, ou qui semblent inappropriés, supprimez-les.

Wes Bush, auteur du livre *Product-Led Growth*, recommande d'imprimer chaque étape et chaque action que les utilisateurs doivent effectuer dans votre produit, et de vous interroger :

- *Quelles étapes peuvent être éliminées ?*
- *Quelles étapes peuvent être retardées ?*
- *Quelles étapes sont essentielles à la tâche ?*

Toutes les communications, des reçus aux suivis d'assistance, *doivent* contribuer à améliorer les performances. Tout doit être évalué dans le contexte de vos objectifs.

Une fois que vous commencerez à avoir une image claire de la situation *actuelle*, vous pourrez passer à la définition de la situation future.

11

Définir les champs personnalisés essentiels

À ce stade, les entreprises ont souvent tendance à surconcevoir leur modèle de données de courriels.

Cette tendance peut mener à la création d'une solution complexe dont le développement peut prendre beaucoup de temps. Une fois cette solution implantée, il devient difficile de la tester et de repérer les problèmes. De plus, il est également difficile de faire participer les utilisateurs internes et de les inciter à l'adopter.

Avec certaines plateformes – Intercom par exemple[7] – le nombre de champs personnalisés est limité. Une solution trop complexe peut limiter les possibilités ultérieures.

Bien qu'aucun de ces problèmes ne soit insurmontable, les besoins changent très rapidement en matière de technologie. Il est presque impossible de connaître à l'avance ce que vous aurez besoin en termes de données dans un an, encore moins dans trois ans.

C'est pourquoi il est initialement préférable de ne pas compliquer les choses.

Vous serez peut-être tenté d'ajouter des champs, surtout s'il est difficile d'obtenir du temps d'ingénierie dans votre organisation, mais il est fort probable que vous n'aurez pas besoin de *tout*.

Voici un produit analytique minimum viable acceptable pour de nombreuses entreprises SaaS :

1. **Bases du profil** : Il s'agit du prénom (pour la personnalisation), de l'adresse de courriel, du type d'utilisateur, du statut de l'abonnement, de la date d'inscription (de nombreuses plateformes l'ajoutent ; si la vôtre ne le fait pas, ajoutez-la), de la langue, du nombre de sessions, du pays et du temps écoulé depuis la dernière visite.

2. **Informations sur le statut** : Vous avez besoin d'un moyen d'évaluer où se situe l'utilisateur dans le cadre de votre programme (essai, abonné payant, désabonné, etc.). Pour ce faire, vous pouvez combiner des champs personnalisés. Par exemple, un statut et une date d'inscription, ou y aller avec un champ dédié. Les deux approches peuvent fonctionner.

3. **Mesures des revenus** : Idéalement, les chiffres de revenus devraient être extraits directement de la base de données pour des raisons de précision. Ces chiffres peuvent être utilisés pour calculer la *valeur* de l'utilisateur ou son type d'abonnement.

4. **Value metric** : Une value metric est ce que vous utilisez pour évaluer la valeur que vos utilisateurs obtiennent de votre produit. Votre value metric est souvent liée à votre taux d'activation, à votre modèle de tarification et à la façon dont vous évaluez l'engagement des utilisateurs. Si vous n'avez pas actuellement de value metric, disséquez votre modèle de tarification : *quels sont les éléments majeurs qui peuvent aider à la segmentation ?* Utilisez ces éléments. Par exemple, chez LANDR, c'était le nombre de masterings (matriçages), tandis que pour Highlights, c'était le nombre de comptes clients.

5. **(Facultatif) Mesures d'objectifs spécifiques** : Si vous concentrez votre attention sur une certaine séquence de courriel avec son propre objectif unique, vous pouvez décider d'ajouter une métrique d'objectif clef à vos analytiques. Par exemple, le nombre de demandes de recommandations,

ou le nombre de parrainages réussis si vous essayez d'augmenter les références. Ces types de mesures calculées peuvent vous servir de guide lors de l'exécution des campagnes.

Ne compliquez pas les choses et anticipez le changement.

Si vous avez des personas ou une segmentation bien définie, il peut être judicieux de les ajouter également.

Outre ces six ou sept champs personnalisés, je ne vous conseille pas d'en ajouter davantage lorsque vous débutez.

Bien que votre plateforme d'automatisation du marketing par courriel puisse probablement être utilisée pour l'analyse des données et le suivi des utilisateurs, les données obtenues ne seront pas aussi fiables que celles que vous pourrez obtenir par le biais de vos analytiques ou de votre base de données. Pour cette raison, n'essayez pas d'utiliser votre plateforme d'automatisation du marketing en tant que source de vérité unique pour votre entreprise.

N'essayez pas d'être trop sophistiqué trop rapidement. Commencez par un produit minimum viable (MVP). Dans le prochain chapitre, nous nous pencherons sur son implantation.

12

Création d'un plan de mise en œuvre des données

De la même manière que les champs que vous utilisez vont changer et évoluer au fil du temps, votre implémentation est également vouée à changer et évoluer au fil du temps.

Il y a généralement trois phases distinctes en analytique :

1. **La phase « Acceptable »** : Au cours de cette phase, vous n'avez pas assez de données pour prendre des décisions basées sur les analytiques. Il peut y avoir une personne qui examine activement les données, mais comme la mise en œuvre des analytiques fait souvent concurrence à d'autres activités essentielles – comme le développement d'un produit – les analytiques sont généralement dans un mode « installer et oublier ».

2. **La phase « Sortir la tête de l'eau »** : Lorsque vous parvenez à sortir la tête de l'eau et à mieux comprendre les paramètres de votre entreprise, l'investissement dans l'analytique peut devenir très judicieux. Les défis de l'entreprise étant plus clairs, il devient plus facile de trouver le bon produit analytique à utiliser. Durant cette phase, il est généralement plus important que les données pointent dans la bonne direction que

d'en garantir l'exactitude.

3. **La phase « Précision »** : En raison de pressions externes (souvent celles des investisseurs) ou du désir de renforcer l'acquisition de clients avec des données plus fiables, les analytiques doivent éventuellement devenir 100 % fiables. Afin d'atteindre ce niveau de sophistication, les entreprises vont souvent investir dans des systèmes analytiques backend robustes ou dans leur propre entrepôt de données. Les plateformes analytiques peuvent demeurer les mêmes, mais des outils d'intelligence d'affaires sont souvent introduits afin de simplifier l'interrogation des données.

À ce point, vous devriez être en mesure de déterminer dans quelle phase se trouve votre entreprise.

Votre solution technique devra fort probablement évoluer en parallèle de votre organisation. C'est pourquoi il est souvent judicieux de démarrer avec une plateforme de gestion des données comme Segment (payant)[8] ou Google Tag Manager (gratuit)[9].

Ces plateformes servent de strates entre votre application et les produits de marketing par courriel et d'analytiques que vous utilisez. Elles vous permettent de passer facilement d'une plateforme à une autre et parfois même de rejouer les données antérieures.

Pour commencer, réunissez les responsables de la gestion des produits, des données et/ou de l'ingénierie. Convenez de la source de vérité – la source la plus fiable – pour chaque donnée dont vous aurez besoin.

Discutez de la manière dont les données des clients seront synchronisées (idéalement dans les deux sens), du processus d'assurance de la qualité (QA), de la manière dont les données seront envoyées, de leur provenance (base de données, interface client, autre) et de comment elles pourront être rejouées dans le cas d'une panne ou d'une indisponibilité du système.

Il est important de disposer d'accords explicites sur le type de données que vous allez utiliser et sur la manière dont elles peuvent être utilisées. Les zones grises sont votre ennemi ici.

Pour chaque champ que vous souhaitez inclure dans votre plateforme de marketing par courriel, dressez une liste des éléments suivants :

- la source de vérité ;
- le type de données attendues (par exemple un montant en dollars, un booléen, un Oui/Non, une métrique calculée, un compte ou un statut – n'oubliez pas de dresser la liste de tous les statuts possibles pour ces champs) ;
- le libellé de l'attribut ou du champ qui sera utilisé dans la plateforme de courriel.

Afin de démarrer rapidement, vous pouvez utiliser notre gabarit disponible à l'adresse saasplaybook.co/champs.

Demandez à vos collègues de vérifier chaque champ. Il est important que tous les libellés soient clairs et sans ambiguïté. Cela permettra de réduire le nombre de questions posées par chacun et d'accroître le sentiment d'appartenance.

Partagez votre plan avec les équipes chargées des produits, des données et de l'ingénierie ; recueillez leurs questions, raffinez, ajustez, puis surveillez l'implémentation.

Une fois que votre plateforme d'email marketing commence à recevoir des données en développement ou en production, passez au chapitre suivant pour les tests.

13

Création de segments d'utilisateurs clefs

La beauté avec la segmentation, c'est qu'elle peut être utilisée au-delà du ciblage des courriels.

Vous pouvez utiliser votre segmentation à des fins de suivi et de reporting, pour recruter des candidats pour des entrevues et pour l'assurance qualité.

Si votre segmentation ne vous permet pas de cibler les *bons* utilisateurs, vous devez le savoir le plus rapidement possible.

Avant de commencer à rédiger des courriels, il vous faudra créer des segments d'utilisateurs clefs.

Ceux-ci peuvent être :

- les personnes qui ne se sont pas encore inscrites à votre produit (si vous disposez des données nécessaires) ;
- les personnes qui se sont inscrites aujourd'hui ;
- les personnes qui se sont inscrites au cours des sept derniers jours ;
- les personnes qui se sont inscrites au cours des sept derniers jours, mais qui ne se sont pas engagées ou qui n'ont pas activé leur compte ;
- les personnes qui se sont inscrites au cours des 30, 60 ou 90 derniers

jours et qui ont activé leur compte ;
- les utilisateurs inactifs ;
- les utilisateurs dont la phase d'essai est sur le point de se terminer ou qui vient de se terminer et que vous aimeriez éventuellement convertir en clients ;
- les abonnés payants qui en sont à leur premier mois ;
- les abonnés payants fidélisés depuis au moins deux mois ;
- les abonnés aux forfaits annuels ;
- les utilisateurs qui, selon vous, seraient disposés à recommander votre produit à d'autres personnes ;
- les abonnés qui ont annulé ;
- les abonnés qui ont annulé plus d'une fois ; ou
- les inscriptions par voie de canaux d'acquisition spécifiques.

Sans aller trop loin, essayez de tester des segments réalistes avec des données réelles. Laissez-les opérer pendant quelques semaines. *Les utilisateurs circulent-ils comme vous vous y attendiez ?*

Examinez des profils au hasard dans chacun de ces segments et comparez-les aux données de votre base de données. *S'agit-il des utilisateurs que vous vous attendiez à retrouver dans ces segments ? Y a-t-il des lacunes ?*

Il est important de découvrir les problèmes liés à la mise en œuvre ou à la segmentation le plus tôt possible. Ce sera plus facile – et beaucoup moins coûteux en termes d'erreurs – de le faire *avant* de commencer l'envoi de courriels plutôt qu'après.

Assurez-vous que vous êtes en mesure de faire le suivi des utilisateurs à travers différents segments et que vos segments sont véritablement mutuellement exclusifs lorsqu'ils doivent l'être.

Identifiez les problèmes, ajustez et raffinez. Cette étape vous épargnera bien des maux de tête par la suite.

Pendant que vous testez vos segments, mettez-les à la disposition des membres de votre équipe. Vos collègues pourront également vous aider à identifier les problématiques.

À ce stade, s'il n'y a pas de problème majeur, votre configuration est terminée.

Lançons-nous dans l'envoi de courriels !

14

L'élaboration de règles opérationnelles pour votre programme

Il est possible que vous puissiez vous en sortir sans règles ni processus lors de la mise en place de votre programme d'email marketing mais, au fur et à mesure que de nouvelles personnes y participent, vous allez devoir établir des règles et des processus de base afin de permettre à votre programme d'évoluer.

En général, il est toujours préférable de définir soi-même les règles plutôt que de se les voir imposer.

Les règles à définir vont dépendre de l'identité du responsable du marketing par courriel et des responsabilités de chaque équipe au sein de votre entreprise.

Le courriel a généralement un impact sur :

- **Le produit/le marketing du produit** : *De quelle manière parlez-vous du produit ? Quelles fonctionnalités sont mises en avant ? Quelles fonctionnalités ne sont pas commercialisées ? Où envoyez-vous le trafic ? Comment le courriel interagit-il avec l'onboarding du produit ?*

- **La marque et le marketing** : *Qui rédige les messages ? Quel ton est employé ? Comment sont traités le lancement de fonctionnalité, les nouvelles et les promotions ? Quelles sont les procédures de collaboration ?*
- **Les finances et les analytiques** : *Comment les performances sont-elles communiquées ? Comment évaluez-vous le retour sur investissement ? Qu'est-ce qui fait office de courriel en termes d'attribution ? Comment les données sont-elles validées et auditées ?*
- **Le design** : *Qui s'occupe de la conception des courriels ? Quel est le processus pour la mise en place des nouveaux designs ? Quelle est la stratégie de synchronisation de la conception des courriels avec les autres éléments de la marque et du design lorsqu'ils sont modifiés ?*
- **Le support et la gestion de la réussite du client** : *Comment les réponses aux courriels sont-elles traitées ? Que se passe-t-il lorsque le département de support a des questions à propos des offres par courriel ou autres communications ? Comment les questions relatives aux ventes sont-elles traitées ? Comment les tons et les explications sont-ils harmonisés ?*
- **La direction** : *Qui est responsable du courriel ? Quels sont les objectifs ou les indicateurs clefs de performance ? De quel(s) type(s) d'approbation(s) avez-vous besoin avant de démarrer l'envoi ? Comment obtenez-vous davantage de budget ou de ressources ?*

Les courriels sont des communications destinées aux clients. Lorsque votre programme commence à être performant, il est fort probable qu'il attire d'autres intervenants au sein de votre entreprise (la politique !). Même si vous ne pensez pas avoir besoin de règles et de processus, je vous recommande fortement d'obtenir des réponses aux questions ci-dessus.

Asseyez-vous avec les responsables du produit, de la marque, du marketing, de l'analytique, des finances, du design et du support. Trouvez un accord et partagez les règles de l'email marketing dans votre organisation.

Vous pouvez utiliser la grille de règles disponible sur saasplaybook.co/regles pour débuter rapidement.

Vous éviterez beaucoup de problèmes en établissant les règles du jeu avant d'aller trop loin.

III

Exécution

III

Execution

15

Ce ne sera malheureusement pas parfait

Lorsque nous avons débuté notre travail sur le marketing par courriel chez LANDR, j'ai créé un énorme tableur. J'y ai répertorié toutes les campagnes dont je pensais que nous avions besoin : séquences drip, messages de succès, infolettres, *Hail Marys*, etc. Cette liste était basée sur les données de consommation dont nous disposions et était élaborée sur plusieurs mois.

L'objectif était de rallier l'équipe et de se servir de cette mappe pour prioriser le développement des courriels.

À l'époque, nous parlions fréquemment avec nos utilisateurs, nous analysions des tonnes de données et nous avions examiné toutes les communications de notre équipe de support.

Nous avions la forte intuition qu'un certain type de courriels d'onboarding (en fonction des cas d'utilisation) donnerait de bons résultats. Nous avons donc rédigé des messages, les avons fait relire, les avons envoyés au design, avons fait créer de tout nouveaux gabarits, les avons implémentés avec des intégrateurs Web, et finalement, nous étions prêts à envoyer notre nouvelle séquence de courriels.

Les messages étaient intelligents et les courriels étaient incroyables.

Cependant, ces courriels n'ont même pas réussi à battre les courriels existants, ceux qui n'étaient déjà pas performants à l'origine...

Pire encore, ces courriels ne méritaient même pas d'être optimisés. Ils étaient tout simplement beaucoup trop loin du niveau de performance des courriels originaux.

Plusieurs semaines de travail gaspillées.

À ce rythme, il allait nous falloir des années pour que notre programme de courriel soit performant.

Nous avons donc supprimé le design. Nous avons supprimé la rédaction astucieuse. Il était clair qu'aucune quantité de travail en amont ne pouvait *garantir* le succès.

Nous avons réduit de manière drastique le temps nécessaire à la mise en place de courriels. Nous sommes passés de plusieurs semaines à quelques heures seulement. Il n'était pas rare pour nous de lancer trois à quatre nouvelles campagnes par semaine.

Nous utilisions des gabarits standards, des textes éprouvés et des appels à l'action (CTA) simples. Lorsque le courriel fonctionnait, nous le retravaillions en améliorant la mise en page, le design et le contenu. S'il ne fonctionnait pas, nous le supprimions tout simplement. Il n'y a pas mort d'homme.

C'était rapide et efficace, mais cela signifiait également que nous envoyions beaucoup de courriels imparfaits.

Il est facile de se perdre dans les détails de la création d'un courriel et d'en faire un *Projet*, avec un P majuscule. En réalité, les détails ne sont pas importants si les gens ne sont pas intéressés par votre offre.

Le moment viendra de peaufiner vos courriels et d'améliorer les éléments de votre image de marque, mais lorsque vous commencez à mettre en place vos courriels, vous voulez un cycle de rétroaction rapide. Il y a beaucoup de choses à couvrir, et vous ne pourrez avoir aucune certitude sur quoi que ce soit avant de tester.

Donc, acceptez l'imperfection. L'échec est le prix à payer afin de créer de grandes choses.

Concentrez-vous en premier lieu à répondre à ces questions :

- *Est-ce le bon courriel ?*
- *L'envoyons-nous aux bonnes personnes ?*
- *Le moment est-il bien choisi ?*
- *Le message peut-il être amélioré ?*

Une fois que vous aurez commencé à obtenir des résultats, vous aurez une idée plus claire de la façon d'améliorer vos courriels. L'expérimentation vous permettra également de développer des certitudes.

Acceptez tout d'abord l'imperfection. Croyez-moi, vos courriels s'amélioreront au fil du temps.

16

Priorisation de votre calendrier de lancement de courriels

Il est probable que vous allez avoir besoin d'un *Hail Mary*. Et d'un courriel de sondage sur le Net Promoter Score. Et d'une infolettre. Et... Et... Et...

Si vous commencez à travailler sur votre programme d'email marketing, la liste des courriels dont vous allez avoir besoin est sans doute très longue.

Faut-il tout faire en même temps ?

Absolument pas.

En fait, il est préférable de démarrer votre démarche en vous alignant sur les priorités de votre entreprise et d'obtenir des résultats avant d'envisager d'élargir votre programme.

Alors, *quels sont les secteurs qui sont les plus problématiques dans votre entreprise actuellement ? Quelles métriques êtes-vous censé faire progresser grâce aux courriels ?* S'agit-il de :

- *L'engagement ?*

- *La rétention ?*
- *La conversion ?*
- *Les revenus ?*
- *Les inscriptions ?*

Si aucun de ces éléments ne se démarque des autres, commencez au début.

Les courriels de bienvenue et d'onboarding établissent le ton de l'utilisation du produit. Une meilleure introduction et une meilleure communication de la valeur du produit permettent de réduire le taux d'attrition et de désengagement à long terme. Les courriels de bienvenue et d'onboarding sont également envoyés à la majorité, voire la totalité, de vos utilisateurs, ce qui leur permet d'avoir un grand impact sur les comportements.

Chez Highlights, par exemple, nous avons mis en place un courriel de bienvenue, cinq courriels d'onboarding et un courriel d'upsell une semaine avant le lancement de notre produit.

Notre objectif était de maximiser le nombre d'utilisateurs en mesure de convertir rapidement. Cette démarche nous permettait également de recueillir des données afin d'optimiser les performances.

En général, il est préférable de prioriser les courriels qui :

- sont envoyés en masse (volume important d'envois) ;
- sont envoyés fréquemment (tous les jours, ou au moins toutes les semaines) ; et
- ont le potentiel d'avoir un grand impact sur un objectif d'affaires important.

Au départ surtout, il faut s'assurer d'avoir une métrique ou un objectif clair qui vous permet d'évaluer les résultats à l'aide de vos données utilisateur.

Commencez par implémenter une première séquence, testez, analysez et passez à la séquence suivante.

17

Pourquoi la vitesse est si importante

Pour commencer à tester et à implémenter des courriels, vous aurez besoin, au minimum, de données de segmentation (il est préférable de ne pas envoyer à tous vos destinataires), de gabarits de courriel configurés dans votre outil de marketing par courriel et de messages de courriel.

Selon vos compétences et les ressources à votre disposition, il peut être aussi simple que de créer une petite équipe composée d'un analyste, d'un intégrateur Web et d'un rédacteur qui rédigera vos courriels. Mais avant que le marketing par courriel ait fait ses preuves, il est probable que vous souhaitiez garder un effectif réduit aussi longtemps que possible.

Afin de démarrer rapidement, vous pouvez utiliser :

- des segments simples (par exemple le nombre de jours depuis l'inscription) ;
- des gabarits prédéfinis avec très peu ou pas de personnalisation, ou des gabarits achetés sur ThemeForest[10] ou des sites similaires (ces gabarits vous aideront à faire en sorte que vos courriels s'affichent bien dans tous les clients de messagerie, appareils et systèmes d'exploitation) ; et
- des messages de courriel rédigés par d'autres organisations qui vous permettront de tester des idées de contenu.

Il s'agit de l'autre extrême. Cette méthode est peut-être plus « *lean* » que ce que vous êtes enclin à faire, mais elle peut vous permettre de démarrer en quelques heures.

Notez que plus vite vous démarrerez l'envoi de courriels, plus vite vous commencerez à apprendre ce qui fonctionne et ce qui ne fonctionne pas.

Au fur et à mesure que vous vous sentirez plus à l'aise avec votre programme de courriel et que vous approfondirez votre connaissance de votre base d'utilisateurs, vous serez en mesure de créer des segments plus précis et d'améliorer vos communications.

Ne vous laissez pas noyer par les détails si vous démarrez. Les courriels simples sont souvent plus performants que les courriels excessivement sophistiqués. Créez un rythme rapide de production et commencez votre apprentissage.

Dans le prochain chapitre, nous examinerons différentes façons de trouver de l'inspiration pour vos courriels.

18

Recherche de textes et de designs de courriel

Voici le secret pour améliorer considérablement vos talents en matière d'email marketing SaaS : vous devez étudier le sujet. Cela veut dire que vous devez :

- commencer à collectionner d'excellents messages de courriels, des CTA et des designs ;
- comprendre l'objectif de chacun des courriels envoyés par les entreprises ;
- essayer de comprendre le raisonnement qui sous-tend les décisions en termes de rédaction, de lien et de design.

Il existe d'excellents sites Web comme Really Good Emails[11], Good Email Copy[12] et Good Sales Emails.com[13] que vous pouvez utiliser pour effectuer vos recherches. Ces sites catégorisent les messages et les designs de courriels par types.

Parallèlement, vous devriez également vous inscrire pour recevoir des courriels de certaines des plus grandes marques de SaaS. Celles-ci comprennent, entre autres :

- Drift ;
- MailChimp ;
- Pipedrive ;
- Shopify ;
- SurveyMonkey ;
- Typeform ;
- Wistia ;
- Zapier.

Vous devriez également vous inscrire pour recevoir les courriels des entreprises concurrentes dans votre secteur.

Je me suis personnellement abonné à des milliers de produits et d'infolettres. Ces inscriptions sont très utiles pour l'analyse comparative et la recherche. Au moment de rédiger ces lignes, j'ai déjà collecté passivement plus de 90 000 courriels.

Évidemment, ne vous inscrivez pas aux produits de vos concurrents avec votre adresse de courriel professionnelle !

J'ai une adresse courriel distincte que j'utilise pour cela. Ce compte me permet d'obtenir des données, de comprendre ce que font d'autres organisations et de trouver des idées de contenu intéressantes.

Par exemple, voici ce que donne une recherche pour « Typeform » :

☐ ☆	Typeform 4	SendGrid	[Final reminder] Changes to your Typeform plan - It's happening tomorrow. Here's how this affects you ...
☐ ☆	Typeform 3	SendGrid	[Reminder] Changes to your Typeform plan - It's happening next week. Here's how this affects you and ...
☐ ☆	Typeform	SendGrid	[Reminder] Changes to your Typeform plan - It's happening next week. Here's how this affects you and ...
☐ ☆	Typeform 4	SendGrid	Changes to your Typeform account - Plus a coupon to ease the transition. Hello, I'm Kim, CEO of Typef...
☐ ☆	Typeform 4	SendGrid	Pricing changes that affect your account - Plus a coupon to ease the transition. Hello, I'm Kim, CEO of ...
☐ ☆	Robert from Typeform 2	autopilothq SendGrid	Lend us your brain, win an iPhone XR - Hi, We're trying to figure out the best way to price Ty...
☐ ☆	Typeform	autopilothq SendGrid	We updated our terms. Cue gasps of excitement. - Hi there, We've updated our terms and C...
☐ ☆	Typeform	autopilothq SendGrid	We updated our terms. Cue gasps of excitement. - Hi there, We've updated our terms and C...
☐ ☆	Typeform	autopilothq SendGrid	We updated our terms. Cue gasps of excitement. - Hi there, We've updated our terms and C...
☐ ☆	Typeform	autopilothq SendGrid	We updated our terms. Cue gasps of excitement. - Hi there, We've updated our terms and C...
☐ ☆	hello 2	SendGrid ☆	Activate your Typeform account - Hello, you're a click away from accessing your Typeform account...

Figure 18.1 - Boîte de réception d'inspirations

Il n'est pas rare que je m'inscrive plusieurs fois au même produit ou à la même infolettre. Ainsi, je peux découvrir ce que l'entreprise a appris et suivre l'évolution de son programme d'email marketing.

Chez LANDR, nous avions créé un document partagé afin de répertorier les lignes d'objet, les offres et les messages que nous voulions tester. Notre rédacteur allait même jusqu'à fouiller dans son dossier de courriels indésirables pour trouver des idées et de l'inspiration. Certaines de nos expériences ont été inspirées par des textes trouvés dans son dossier de pourriels. Certains de ces tests se sont même avérés très fructueux, alors ouvrez l'œil en quête d'inspiration. Vous pouvez utiliser Evernote, Paper, ou toute autre plateforme afin de collaborer à la génération d'idées.

Vous pouvez également vous abonner à des services payants comme Mailcharts[14] ou Mailody[15]. Ces services vous aideront à faire le suivi et à comprendre les programmes de courriels de vos compétiteurs.

Établissez des procédures afin de trouver et d'accéder à des idées de contenu et de design. Cela vous aidera à créer de meilleurs courriels, plus rapidement. Dans le prochain chapitre, nous allons débuter la création de notre première séquence de courriels.

19

Structure et rythme des séquences de courriel

L'idéal, avec les courriels, est d'en envoyer le moins possible et d'obtenir les meilleurs résultats.

Un problème auquel vous serez confronté est que, jusqu'à ce que vous commenciez à tester, le cadencement des courriels sera plus un art qu'une science.

Parfois, l'envoi de courriels à trois ou quatre jours d'intervalle donne d'excellents résultats. Mais parfois aussi, l'envoi d'un courriel tous les jours donne de meilleurs résultats.

Par exemple, la plateforme de programmation de réseaux sociaux MeetEdgar a mené une expérience sur le rythme de sa séquence de courriel d'onboarding[16].

Elle s'est rendu compte qu'elle pouvait obtenir exactement les mêmes chiffres de conversion en réduisant la durée de la séquence de 30 à 10 jours. Ainsi, ils pouvaient activer les utilisateurs beaucoup plus rapidement, avec très peu ou pas de répercussions négatives. Cela signifiait également une croissance plus rapide des revenus et de l'engagement. Difficile de ne pas aimer.

Pour structurer vos séquences de courriel, commencez par l'objectif final. *S'agit-il de conversion ? D'activation ? De recommandation ? De réactivation ?*

La séquence sur laquelle vous travaillez ne doit avoir **qu'un seul** objectif principal. De cette façon, vous pourrez vous concentrer plus facilement.

Au fur et à mesure que les utilisateurs atteignent l'objectif, il faudra les faire migrer vers d'autres séquences - les différentes « voies ferrées » dont nous avons discuté précédemment. De cette manière, vous améliorerez l'expérience de vos utilisateurs et de vos clients, et vous obtiendrez des performances ciblées sur vos objectifs.

Avec cette approche, les séquences n'ont pas besoin de se terminer. MailChimp, par exemple, envoie environ 12 courriels d'onboarding, et il pourrait certainement en ajouter.

Tant que vos courriels *contribuent* à la performance et à l'utilité de vos séquences, vous pouvez continuer jusqu'à ce que vos utilisateurs s'activent ou se désengagent complètement.

Commencez par le début par vos arguments les plus forts. Mettez en place un premier courriel. Ensuite, évaluez les performances, ajoutez un deuxième courriel, évaluez l'impact additionnel et continuez !

L'idée maîtresse est que chaque courriel doit contribuer à la performance globale de votre séquence. Chaque courriel que vos utilisateurs ouvrent mais dont ils ne se soucient pas réduit les chances qu'ils ouvrent vos futurs courriels.

Bien que vous puissiez examiner les courbes de rétention des cohortes et cibler les baisses d'engagement pour planifier vos courriels (ce que nous avons fait chez LANDR), vous obtiendrez probablement des résultats similaires en envoyant des courriels tous les deux jours et en expérimentant avec le cadencement une fois votre séquence en place.

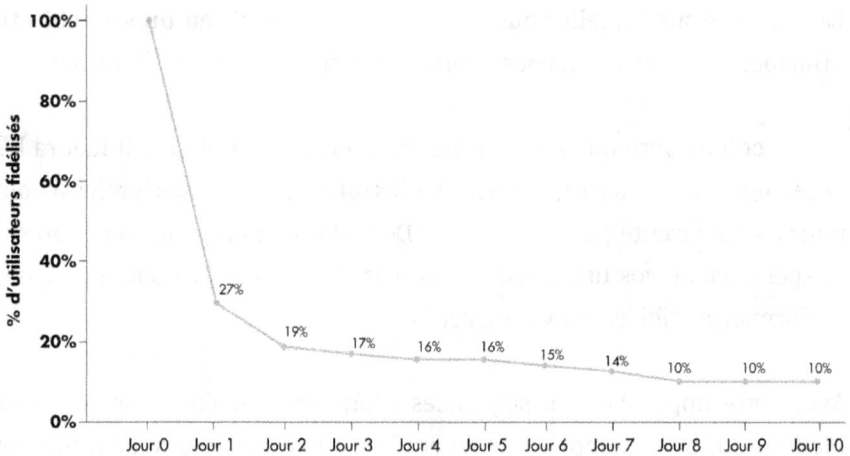

Figure 19.1 – Exemple de courbe de rétention

Un rythme de deux jours ne fonctionnera que pour les courriels d'onboarding ou de nurturing. Pour les autres séquences (upsell, recommandation ou rétroaction), commencez par envoyer un premier courriel, évaluez les performances, puis ajoutez des courriels de suivi ou des rappels 2 à 3 jours après le courriel initial.

Créez vos séquences en gardant l'objectif en tête. Ajoutez les courriels les uns après les autres. Utilisez un rythme par défaut avant d'expérimenter avec le cadencement.

Commencez par ceci. Nous pousserons l'expérimentation sur le cadencement plus tard dans la section Optimisation.

20

Rédaction de courriels efficaces

Je ne suis pas rédacteur mais je peux écrire des courriels qui vendent, convainquent et incitent les utilisateurs à agir.

Si je peux le faire, vous pouvez le faire également. Tout ce qui vous faut, c'est de la pratique et les bonnes directives. Les voici !

Il existe deux types de rédaction :

1. **Rédaction à réponse indirecte** : Des contenus qui mènent *éventuellement* à une vente au fil du temps en créant un climat de confiance et en sensibilisant le lecteur. Ce type de texte est mieux adapté aux courriels de nurturing et de développement de la marque.
2. **Rédaction à réponse directe** : Des contenus qui incitent à l'achat ou à l'action *immédiatement* après la lecture. Ces courriels sont plus faciles à tester car leur objectif est de susciter une réaction rapide.

Les deux types de rédaction ont leur utilité. Cependant, dans le domaine du SaaS, comme nous essayons de susciter des actions clefs de la part des utilisateurs, nous nous concentrerons principalement sur le deuxième type.

Pour les courriels à réponse directe, l'offre doit découler de la ligne d'objet.

Votre courriel doit raconter une histoire cohérente et créer un effet de momentum de la ligne d'objet au texte d'aperçu, jusqu'au CTA.

Vous devez *démontrer* comment les lecteurs vont bénéficier de l'offre. Ne parlez pas des caractéristiques de votre produit ou de votre entreprise. Essayez d'utiliser davantage « vous » ou « tu » que « je » ou « nous » pour que votre texte soit plus pertinent pour vos utilisateurs.

L'offre doit être logique et constituer une suite logique au texte ; elle ne doit pas sortir de nulle part. Il doit s'agir d'une offre qui ne peut être refusée. Pour ce faire, vous devez supprimer les options.

À cette fin, j'aime utiliser le test du hochement de tête. Vous voulez que les utilisateurs acquiescent en lisant votre courriel :

- *« Oui... »*
- *« Oui... c'est bien moi. »*
- *« Oh oui... »*
- *« Bien sûr ! Je vais acheter ! »*

Vous trouverez ci-dessous quelques courriels qui, à mon avis, réussissent très bien à produire cet effet. Vous devriez comprendre rapidement où je veux en venir. Lisez tranquillement les textes et notez chaque fois que vous vous surprenez à hocher la tête.

Drift - Courriel de lancement de nouvelles fonctionnalités

Drift est une compagnie qui développe un logiciel de marketing conversationnel à Boston.

Peu de temps après m'être inscrit pour utiliser leur plateforme, j'ai reçu le courriel de lancement suivant :

● ● ●

ce puissant canal de marketing se cache à la vue de tous

Il existe un canal marketing qui a le pouvoir de développer votre marque, de générer du trafic et de rallier tous les membres de votre entreprise à votre cause.

Mais il est souvent ignoré.

Vous avez une idée ?

Les signatures de courriel.

Pensez-y : Combien de courriels les employés de votre entreprise envoient-ils chaque semaine ? Des centaines… probablement des milliers !

Et c'est pour cette raison que nous avons créé Drift Signatures.

Maintenant, vous pouvez utiliser la signature courriel de tous les employés pour générer du trafic et garder la signature courriel de tous les employés conforme à votre marque.

Oh, et la meilleure partie - **c'est 100 % gratuit** ⚡

Alex Orfao
Responsable marketing, Drift
PS. Regardez cette signature ⚓

INTRODUCING
Drift Signatures

Set your team's
signature in 2
minutes or less.

GET STARTED

Figure 20.1 – Courriel de lancement des fonctionnalités de Drift

- L'objet du courriel (« ce puissant canal de marketing se cache à la vue de tous ») fait appel à la curiosité pour inciter les utilisateurs à ouvrir le courriel.
- Il est rédigé en texte brut et semble avoir été envoyé par un employé ce qui donne au courriel un caractère plus personnel.
- Chaque phrase découle de la précédente, utilisant à nouveau la curiosité pour inciter les utilisateurs à poursuivre la lecture.
- Le courriel présente de manière claire les bénéfices avant d'expliquer la

nouvelle fonctionnalité.

· Au lieu d'expliquer ce qu'est la fonctionnalité, le courriel utilise la fonctionnalité elle-même afin d'en illustrer les bénéfices.

Zapier - Courriel d'upgrade

Zapier permet d'automatiser des intégrations d'API.

Avant la fin de la période d'essai de 14 jours, j'ai reçu le courriel suivant :

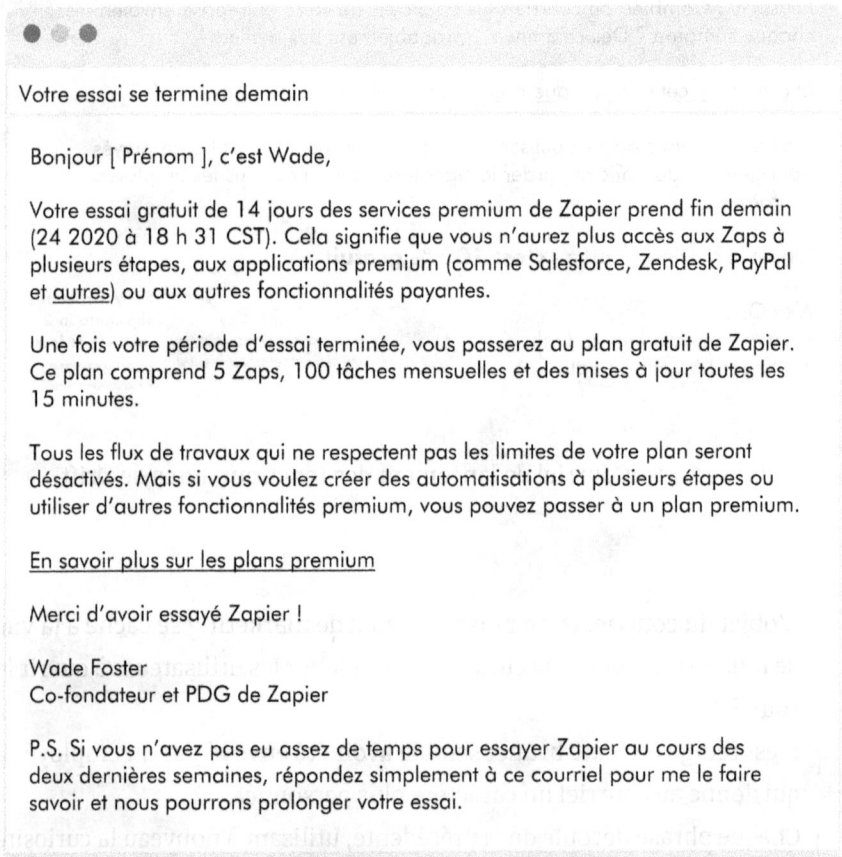

● ● ●

Votre essai se termine demain

Bonjour [Prénom], c'est Wade,

Votre essai gratuit de 14 jours des services premium de Zapier prend fin demain (24 2020 à 18 h 31 CST). Cela signifie que vous n'aurez plus accès aux Zaps à plusieurs étapes, aux applications premium (comme Salesforce, Zendesk, PayPal et autres) ou aux autres fonctionnalités payantes.

Une fois votre période d'essai terminée, vous passerez au plan gratuit de Zapier. Ce plan comprend 5 Zaps, 100 tâches mensuelles et des mises à jour toutes les 15 minutes.

Tous les flux de travaux qui ne respectent pas les limites de votre plan seront désactivés. Mais si vous voulez créer des automatisations à plusieurs étapes ou utiliser d'autres fonctionnalités premium, vous pouvez passer à un plan premium.

En savoir plus sur les plans premium

Merci d'avoir essayé Zapier !

Wade Foster
Co-fondateur et PDG de Zapier

P.S. Si vous n'avez pas eu assez de temps pour essayer Zapier au cours des deux dernières semaines, répondez simplement à ce courriel pour me le faire savoir et nous pourrons prolonger votre essai.

Figure 20.2 – Le courriel de mise à niveau de Zapier

- Le courriel est rédigé en texte brut et envoyé par le PDG de la compagnie, ce qui le distingue des courriels précédents qui contenaient de nombreuses images.
- L'objet (« Votre essai prend fin demain ») et l'introduction du courriel indiquent que mon essai gratuit est sur le point de se terminer. Le moment choisi pour l'envoi, un jour avant la fin de l'essai, contribue à créer une certaine urgence.
- Le courriel indique clairement les fonctionnalités auxquelles je vais devoir renoncer. Si les automatisations me sont utiles, je sais maintenant quelles mesures je dois prendre.
- Le courriel propose un lien simple qui me permet d'évaluer les différentes options d'abonnement.
- Le courriel utilise également un P.S. – l'une des parties les plus lues dans les courriels – afin de proposer une autre option. Cela suggère que je peux continuer à utiliser Zapier même si je ne m'abonne pas.

Podia - Courriel d'upsell

Podia aide les créateurs à vendre des cours en ligne, des produits numériques et des adhésions.

En tant qu'abonné au plan mensuel, j'ai reçu le courriel suivant :

● ● ●

---

2 mois gratuits de Podia

Bonjour [Prénom],

Souhaitez-vous obtenir 2 mois gratuits de Podia ?

En passant à un abonnement annuel, vous profiterez de 2 mois gratuits (et d'une comptabilité simplifiée si vous préférez une seule facture à 12 !). Économiser de l'argent + moins de tracas = où puis-je m'inscrire ?

Pour changer d'abonnement, vous pouvez commencer ici : passer à un abonnement annuel.

Si vous avez des questions ou des préoccupations, répondez à ce courriel et nous en discuterons !

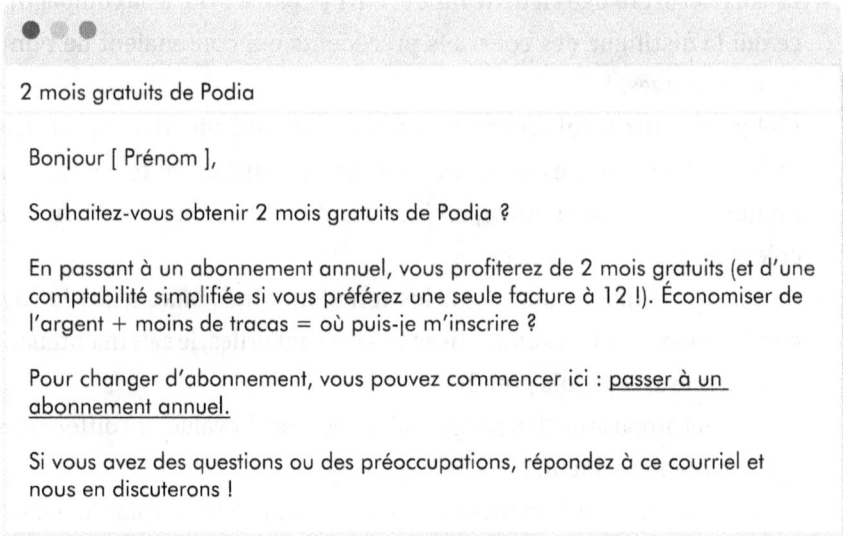

Figure 20.3 - Courriel d'upsell de Podia

- La ligne d'objet du courriel (« 2 mois gratuits de Podia ») fait appel à la curiosité pour inciter les abonnés à l'ouvrir.
- Le courriel explique rapidement comment je peux économiser de l'argent et quels sont les bénéfices.
- Il est très facile de passer à l'action. Le courriel contient un CTA clair qui mène directement au processus d'abonnement annuel pour mettre son compte à niveau.
- Le PDG de la compagnie invite à poser des questions afin de dissiper toute hésitation.
- Dans l'ensemble, il s'agit d'un courriel très simple qui pousse à l'action. Ce type de courriel a tendance à rapporter beaucoup d'argent.

Les outils suivants vous aideront à rendre vos courriels assez pertinents pour faire hocher la tête de vos destinataires :

1. Créer de l'intimité :

Vous susciterez davantage de confiance – et capterez l'attention de vos clients potentiels – en établissant un lien personnel. Vos courriels doivent se lire comme si un individu l'avait écrit à l'attention d'un autre : un à un.

Pour ce faire, vous pouvez :

- utiliser un gabarit personnel, ou en texte brut ;
- utiliser « vous » ou « tu » au lieu de « nous » ou « je » ;
- raconter des histoires ; et
- faire bon usage de la personnalisation.

Pour un impact encore plus grand, vous pouvez ajouter des éléments de personnalisation subtils dans le corps de votre texte. Par exemple : « ...voici ce que nous avons entendu de la part d'autres personnes à [Bruxelles] ».

2. Faire en sorte que les utilisateurs se sentent spéciaux :

En plus de la personnalisation, vous pouvez créer un sentiment d'exclusivité :

- « Cette offre est réservée à *nos utilisateurs les plus engagés.* »
- « ... c'est pour les *adopteurs précoces.* »

Ou faire appel à la vanité :

- « Nos utilisateurs *les plus prospères* souhaitent ressentir cela... »

3. Démontrer que vous comprenez leur situation :

Vous pouvez créer des qualifications évidentes auxquelles tous veulent se rattacher, par exemple « ... les personnes qui se soucient de maximiser leur retour sur investissement » ou « ... les spécialistes du marketing astucieux ».

Illustrez les bénéfices et la valeur du produit avec des exemples clairs qui se rattachent à la situation particulière de vos utilisateurs.

4. Créer un sentiment d'urgence :

Comme l'a fait Zapier, vous pouvez également faire preuve de créativité avec les délais. Utilisez des coupons avec des offres à durée limitée pour accentuer l'anxiété de ratage (FOMO)[17] :

- « Offre disponible jusqu'au 4 juin... »
- « Seules quelques personnes pourront bénéficier de ce forfait... »

5. Utiliser des actions claires :

- Utilisez un CTA qui indique clairement les prochaines étapes. Répétez-le tout au long du courriel, en le présentant sous différents angles.
- Utilisez le P.S. pour attirer l'œil de l'utilisateur et pour renforcer l'action que vous souhaitez voir l'utilisateur prendre. Faites en sorte que vos courriels soient simples et que vos messages soient lisibles. Il est important que les utilisateurs puissent comprendre votre courriel en un coup d'œil.
- Les courriels courts et simples sont souvent plus efficaces que ceux qui sont longs et complexes. Votre message doit susciter une réaction quasi instantanée de la part des lecteurs.

Votre courriel doit mener à l'action souhaitée. Utilisez le contenu pour dissiper les objections et accentuer le désir d'acheter ou d'utiliser votre produit.

Un bon courriel doit :

1. *Attirer l'attention* par la ligne d'objet, par la personnalisation ou à l'aide d'une histoire ;
2. *Éveiller l'intérêt* du lecteur en faisant la démonstration des bénéfices ou du problème ;
3. *Générer le désir d'agir* en établissant des lacunes dans l'information, des contraintes de temps ou la peur de manquer l'opportunité ; et
4. *Faire agir* par le biais d'un CTA bien placé, indiquant aux utilisateurs les actions qu'ils doivent entreprendre.

Ces étapes sont en fait les quatre étapes du modèle AIDA[18] (Attention, Intérêt, Désir et Action) appliquées à la rédaction de courriels.

Ne vous laissez pas intimider par la rédaction de courriels. Les courriels trop soignés ne fonctionnent pas toujours très bien. Commencez à rédiger vos propres courriels. Dans le chapitre suivant, nous commencerons à travailler sur les lignes d'objet.

21

Rédaction de la ligne d'objet

Beaucoup de choses ont été écrites sur l'importance des lignes d'objet dans le marketing par courriel.

Les lignes d'objet ont cette aura de *mystère*. Les gens pensent qu'une excellente ligne d'objet peut à elle seule assurer le succès de vos campagnes.

Mais en réalité, les taux d'ouverture sont influencés par une combinaison de facteurs.

☐ ☆ Brian Balfour	Good Experiment, Bad Experiment	Hey, I've been lucky to get to know Fareed Mosavat (Former Dir of Product a...
Nom de l'expéditeur	**Ligne d'objet**	**Texte d'aperçu**

Figure 21.1 - Les composantes du taux d'ouverture

La ligne d'objet, le texte de l'aperçu, le nom de l'expéditeur, l'adresse courriel de l'expéditeur, la présence du courriel dans la boîte de réception (et non dans l'onglet de promotion), votre marque, la confiance que vous avez établie au fil du temps, le nombre de courriels que vous envoyez/avez envoyés, le moment de l'envoi et la concurrence pour la boîte de réception de l'utilisateur ce jour-là sont autant de facteurs qui influencent la décision d'ouvrir (ou non) votre courriel.

En ce qui a trait aux lignes d'objet, vous devez évaluer :

- **La balayabilité** : *Est-ce que le texte attire l'attention ?* Les chiffres, la personnalisation et les émojis ont tendance à se démarquer dans la boîte de réception.
- **La concision** : Les lignes d'objet de 55 caractères ou moins sont généralement préférables. Pensez à la fois à la longueur des mots que vous utilisez et à la longueur de l'ensemble de votre ligne d'objet.
- **Le niveau de lecture** : Plus le niveau de lecture que vous utilisez est faible, mieux c'est. Il est généralement conseillé de viser les niveaux 5 ou 6.
- **Le sentiment** : Un sentiment positif a tendance à générer de meilleurs résultats.
- **Les mots déclencheurs de spam** : Les mots de pourriel évoluent avec le temps. Il est bon de se tenir au courant des différentes listes[19]. En général, il faut éviter les mots comme « free » , « re : » (réponse), « fwd : », et les points d'exclamation.
- **La tabulation** : Une mauvaise tabulation et des lignes d'objet TOUT EN MAJUSCULES donnent l'impression d'être promotionnelles. Les lignes d'objet en Casse du Titre, voire en minuscules, donnent généralement de meilleurs résultats.

Il est important de pouvoir capter l'attention de vos destinataires.

Comme nous l'avons vu, les bonnes lignes d'objet peuvent susciter la curiosité à l'aide du mystère. Cela peut se faire en posant des questions ou en utilisant le suspense. Par exemple :

- « You've earned it. » (a été ouvert à 69 %) ;
- « Boom! You Just Went Gold! » (62 % d'ouverture, malgré les points d'exclamation) ;
- « Is it time to upgrade your workflow? » (a été ouvert à 56 %).

Ils peuvent également créer un sentiment d'urgence. Si vous effectuez une promotion, vous pouvez créer un effet de rareté en mentionnant qu'il ne reste qu'une quantité ou un nombre limité de jours.

- « Last day for your early adopter discount » (a été ouvert à 51 %) ;
- « VIP Subscription Offer » (a été ouvert à 40 %) ;
- « Last Chance For Your VIP Subscription » (taux d'ouverture de 31 %).

Ils peuvent également être personnels ou contextuels :

- « Hey [John], I came up with something for you » (a été ouvert à 55 %) ;
- « [John], How do other composers and songwriters land your contracts? » (a été ouvert à 53 %) ;
- « Why leave? The party just started » (a été ouvert à 48 %).

Ils sont pratiques, ou liés à des actions spécifiques que l'utilisateur a entreprises, ou qu'il tente d'entreprendre :

- « You're Eligible for a Privileged Account » (a été ouvert à 62 %) ;
- « Can I help? » (taux d'ouverture de 60 %) ;
- « Thanks for Signing Up to Our Blog » (taux d'ouverture de 51 %).

L'utilisateur moyen ne passe que huit secondes environ à lire un courriel[20]. La ligne d'objet doit rapidement accomplir deux choses :

1. Se démarquer dans la boîte de réception (par exemple, je remarque ce courriel et j'ai envie de l'ouvrir).
2. Bien présenter le texte du courriel.

Une ligne d'objet trompeuse peut fonctionner une ou deux fois, mais si elle n'a pas de relation avec l'offre réelle inclue dans le courriel, les utilisateurs cesseront rapidement d'ouvrir vos courriels.

Pensez au taux d'ouverture de manière *holistique*. Cherchez des moyens d'obtenir plus d'ouvertures en :

- **Utilisant la personnalisation** : Au moment de la rédaction de ce livre, seulement 1,4 % des lignes d'objet contiennent de la personnalisation.
- **Posant des questions** : Les questions sont plus engageantes. Elles se traduisent généralement par des taux d'ouverture plus élevés.
- **Passant à la minuscule** : Moins de 1 % des lignes d'objet sont écrites entièrement en minuscules. Les lignes d'objet en minuscules paraissent plus naturelles.
- **Utilisant des émojis** : Seulement 2,5 % des lignes d'objet contiennent des émojis. Cette proportion est évidemment appelée à changer, mais les émojis peuvent parfois contribuer à augmenter le taux d'ouverture[21].

Nous aborderons plus tard dans ce livre d'autres expériences que vous pouvez réaliser, mais vous devez d'abord faire vos recherches.

Trouvez des dizaines de lignes d'objet et soumettez-les à Send Check It[22], un outil gratuit conçu pour vous aider à tester les lignes d'objet. D'après les données que nous avons recueillies[23], c'est l'outil qui prédit le mieux le succès d'une ligne d'objet.

Si vous avez des difficultés à trouver de bonnes lignes d'objet, vous pouvez télécharger une liste de lignes d'objet à l'adresse saasplaybook.co/lignes-dobjet, ou utiliser le générateur de lignes d'objet de Neville Medhora[24].

Le générateur de lignes d'objet propose plus de 100 formules. Il est même possible de saisir vos propres mots-clefs.

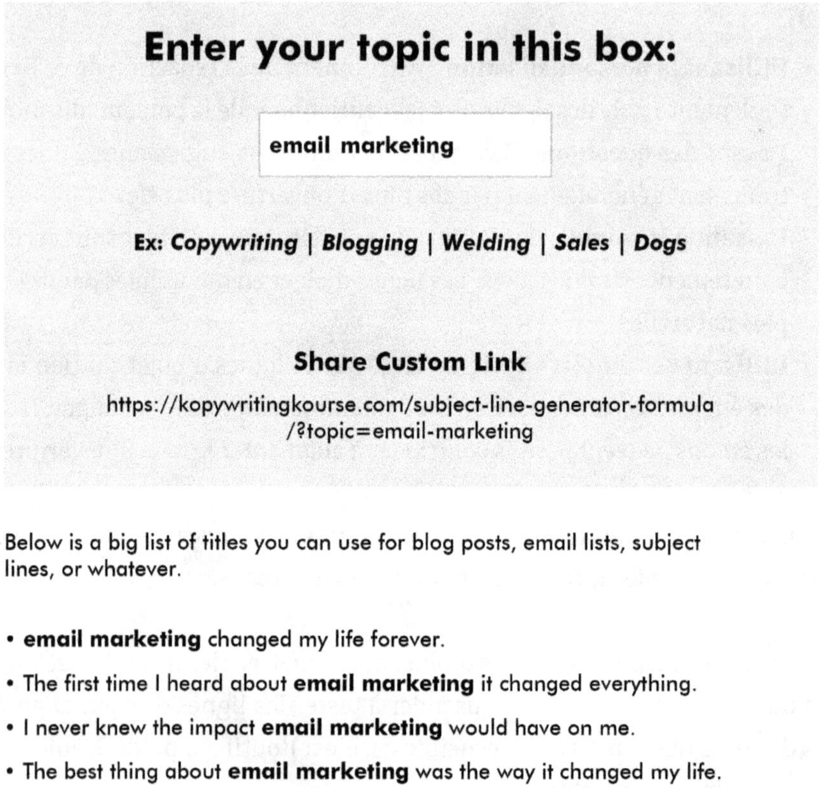

Enter your topic in this box:

email marketing

Ex: Copywriting | Blogging | Welding | Sales | Dogs

Share Custom Link

https://kopywritingkourse.com/subject-line-generator-formula
/?topic=email-marketing

Below is a big list of titles you can use for blog posts, email lists, subject lines, or whatever.

- **email marketing** changed my life forever.
- The first time I heard about **email marketing** it changed everything.
- I never knew the impact **email marketing** would have on me.
- The best thing about **email marketing** was the way it changed my life.

Figure 21.2 – Le générateur de lignes d'objet (Subject Line Generator Formula)

Grâce aux tests, vous serez en mesure de vérifier si vos lignes d'objet sont vraiment aussi efficaces que vous le souhaitez.

Dans le prochain chapitre, nous évaluerons si c'est bien un courriel que vous devez envoyer. *Un peu tard ?* Je sais.

22

Faut-il « vraiment » que ce soit un courriel ?

À ce stade, vous avez probablement compris que j'adore les courriels.

Mais malgré mon amour pour l'email marketing, toute communication ne doit pas nécessairement être un courriel.

En fait, il y a des moments où les courriels ne sont *vraiment pas* la meilleure solution. Alors, si ce n'est pas le courriel, *quoi d'autre* ?

Les autres options incluent : les messages In-App comme les fenêtres contextuelles, les barres latérales, les notifications, les messages de messagerie instantanée, les notifications de navigateur ou notifications poussées, les notifications de bureau, les messages texte, et même les visites de produits et les processus d'onboarding.

Le courriel est idéal lorsque l'utilisateur *n'est pas* en train d'utiliser votre produit. C'est une bonne façon de l'inciter à y revenir, mais lorsque les utilisateurs sont en train d'utiliser votre produit, vous ne pouvez pas vous attendre à ce qu'ils consultent leurs courriels en même temps.

Avant de mettre en place une nouvelle campagne de courriel, demandez-vous si le courriel est la meilleure façon d'atteindre votre objectif et de susciter le comportement visé. Une fenêtre contextuelle ou une notification sur le site serait peut-être plus efficace.

En général, les utilisateurs ne peuvent pas se désabonner des fenêtres contextuelles, des barres latérales, des notifications de site, des messages de messagerie instantanée ou des processus d'onboarding. Ces messages sont généralement mieux intégrés à votre application et plus contextuels. De ce fait, ils ont tendance à atteindre les utilisateurs plus directement que les courriels. Cela signifie qu'ils peuvent souvent mieux influencer les comportements des utilisateurs.

Les notifications poussées, les notifications de bureau et les messages texte offrent toujours une certaine nouveauté. Ils peuvent également atteindre les utilisateurs dans des contextes différents de ceux du courriel.

Bien qu'il soit parfois préférable d'utiliser un autre mode de communication, parfois la combinaison du courriel avec d'autres types de communication est la meilleure solution.

C'est pourquoi il est également important de considérer une combinaison.

Par exemple, un courriel suivi sur le site d'un message In-App, ou un processus d'onboarding suivi d'un courriel récapitulant le processus peuvent être plus efficaces qu'un courriel unique. Cette méthode vous permettra d'assurer le suivi des actions de l'utilisateur et d'indiquer clairement les tâches à effectuer.

En décomposant les étapes une par une, les utilisateurs ont plus de chances d'apprendre.

Chez LANDR, nous enchaînions souvent les courriels de lancement de nouvelles fonctionnalités avec des messages In-App sur le site. Cette approche nous permettait de simplifier les communications et de les axer sur des objectifs visés (un objectif par message). Le courriel avait pour but de diriger les utilisateurs vers le produit, tandis que le message In-App avait pour but de les inciter à utiliser le produit.

Cette approche permet d'évaluer et d'optimiser chaque étape du parcours de manière indépendante.

Les plateformes d'automatisation comme Intercom, ActiveCampaign et Hub-Spot permettent généralement de combiner différents types de messages.

Si votre plateforme ne dispose pas de fonctionnalités de messagerie In-App ou d'onboarding, vous devrez peut-être utiliser plusieurs outils conjointement afin de maximiser les résultats. Il sera alors plus difficile de suivre le déroulement, la séquence et les objectifs, mais ce n'est pas impossible. Il faut également tenir compte de l'effort de reporting lorsque vous ajoutez de nouveaux types de communication à votre programme.

Au fur et à mesure que votre programme évolue, il est possible que vous perdiez de vue l'expérience globale de l'utilisateur : *Vos utilisateurs sont-ils inondés de messages ? Est-ce que l'expérience client est décousue ?*

Testez tout du point de vue de vos utilisateurs. Gardez un œil sur les commentaires sur les réseaux sociaux et les demandes de support au fur et à mesure.

Dans le prochain chapitre, nous aborderons la mise en place des automatisations afin de minimiser les conflits et de maximiser les performances.

23

Configuration de vos automatisations

Lorsque vous avez choisi le type de communication que vous souhaitez automatiser, vous pouvez commencer la configuration.

Bien que les mécanismes de mise en place des automatisations varient en fonction de la plateforme de marketing par courriel que vous utilisez (MailChimp, Intercom, HubSpot, ActiveCampaign, etc.), les mêmes principes généraux tendent à s'appliquer.

Intercom et MailChimp, par exemple, distinguent les campagnes – plusieurs courriels dans une séquence – des courriels ponctuels comme des *séquences de courriels uniques* ou des envois massifs de courriels.

Pour les campagnes, un critère de déclenchement ou une condition d'entrée est nécessaire. Il vous faut comprendre ce qui permet à un utilisateur de se qualifier pour la campagne.

Par exemple :

- *L'inscription à un essai gratuit ?*
- *La fin de la période d'essai ?*
- *La souscription à un plan payant ?*

- *L'annulation d'un abonnement ?*
- *Une certaine action qui a été effectuée pour la première fois (propriété passée de o à 1, ou un événement se produisant pour la première fois) ?*
- *Un utilisateur ayant atteint un certain statut (il a rempli des conditions ou est entré dans un segment) ?*
- *Un utilisateur a-t-il fait une action un certain nombre de fois (depuis toujours ou pendant une certaine période) ? ou*
- *Un utilisateur n'a pas fait quelque chose pendant une certaine période ?*

Pour chaque courriel automatisé, vous aurez besoin de :

- **Une audience** : *Allez-vous envoyer à l'ensemble de votre liste ou à un segment spécifique ?* Il y a très peu de situations où l'envoi à une liste complète a du sens.
- **Un moyen de communication** : Courriel, In-App, fenêtre contextuelle, notifications poussées, etc. Selon la plateforme que vous utilisez, il est possible que vous soyez limité en termes de moyens de communication.
- **Un gabarit** : *Est-il adapté aux téléphones portables ? Est-il personnalisé ?* Pour les téléphones portables, il faut que le design et le contenu soient concis. La surface de l'écran est réduite, il est préférable d'éviter que les destinataires fassent défiler les pages à l'infini ou attendent le chargement d'images lourdes. Proposez un seul CTA clair dans chaque courriel. Utilisez des modèles simples, sur une seule colonne.
- **Le contenu** : La ligne d'objet, les liens, la salutation, le corps du texte, les paramètres UTM, etc.
- **Une date de fin** : *Cette campagne doit-elle durer indéfiniment ou doit-elle se terminer après un mois, voire avant ?*
- **Un objectif de campagne** : Au-delà des clics et des ouvertures, *qu'est-ce qui vous permettra de savoir si cette campagne est un succès ? Les conversions ? L'engagement ? Autres ?*
- **Un horaire** : *Voulez-vous que le courriel se déclenche chaque fois qu'un utilisateur se qualifie pour celui-ci ? Jour et nuit ?* Votre message sera plus efficace s'il apparaît au sommet de la boîte de réception de vos

utilisateurs après un long week-end plutôt qu'au bas de la page avec des centaines d'autres messages. Les boîtes de réception peuvent devenir pleines.

- **Une action après l'envoi** : *Les utilisateurs quittent-ils simplement votre campagne après avoir reçu le courriel ? Sont-ils étiquetés d'une certaine manière ? Doivent-ils accéder à une nouvelle séquence ? Une nouvelle « voie ferrée » ?*
- **Un test A/B** : Si vous disposez du volume nécessaire, c'est une bonne idée de *toujours* effectuer un test quelconque. Une ligne d'objet, une heure d'envoi, un CTA, ou autre chose.

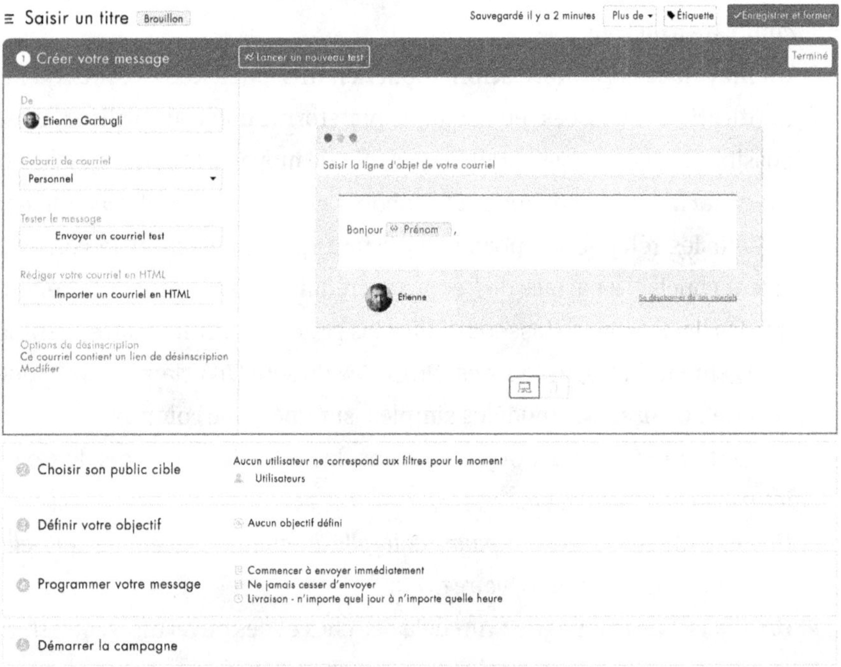

Figure 23-1 - Configuration de la campagne (Intercom)

Envisager la mise en place au travers de cet objectif vous oblige à structurer votre pensée autour de l'automatisation des campagnes.

Comment cette campagne spécifique va-t-elle s'intégrer dans votre programme **global** *?*

Si vous ajoutez des campagnes aléatoirement, vous risquez de créer des chevauchements de courriels et de nuire aux performances globales de votre programme.

Pour chaque automatisation que vous créez, posez-vous la question suivante :

S'agira-t-il du seul courriel que les utilisateurs recevront de nous ce jour-là ? Est-il possible que l'utilisateur reçoive également d'autres courriels (un courriel de sondage par exemple) ?

Ne surchargez pas vos utilisateurs. Pour contrôler le volume de courriels, assurez-vous que vos séquences s'excluent mutuellement.

Par exemple, si les utilisateurs participent à votre séquence d'onboarding, assurez-vous qu'ils ne reçoivent que cette séquence.

Pour le séquençage, utilisez le nombre de jours écoulés depuis la date d'inscription. Segmentez en utilisant le délai depuis le dernier courriel lorsque c'est possible. Utilisez des filtres clairs, par exemple si l'utilisateur a reçu telle ou telle campagne.

Y a-t-il des lacunes dans vos données d'automatisation ? Utilisez-vous la personnalisation du prénom ou de la formule de salutation ? Ces champs sont-ils renseignés pour tous vos utilisateurs ?

Prévoyez des options de rechange. Dans de nombreux cas, si votre segmentation repose sur des champs personnalisés et que ceux-ci ne sont pas renseignés ou contiennent des données « inconnues », le courriel ne sera tout simplement pas envoyé. Vous devez tester vos données de segmentation au préalable.

Avez-vous considéré le revers de vos segments ?

Les recettes de segmentation sont soit inclusives ou exclusives. Dans les deux cas, vos automatisations excluront certains de vos utilisateurs. Avez-vous prévu cette éventualité ? Disposez-vous d'une communication de repli ciblant les utilisateurs que vous laissez de côté ?

*Vos séquences reposent-elles sur un synchronisme **parfait** ?*

Par exemple une séquence de messages In-App dans l'application ou un courriel qui doit être reçu à un certain moment, ou dans un certain ordre.

Le synchronisme des messages est rarement exact à 100 %. Ne vous y fiez pas trop. Envoyez des courriels et des messages qui peuvent obtenir de bons résultats même si l'une des communications est retardée.

Appliquez ces règles et commencez à mettre en place vos automatisations. Dans le prochain chapitre, nous verrons comment tester les courriels avant leur envoi.

24

Tester vos courriels

Tôt dans ma carrière, je travaillais pour un important programme de fidélisation au Canada. Nous avions des millions de membres et envoyions des centaines de milliers de courriels chaque jour. Malgré plusieurs processus rigoureux de test, incluant notamment plusieurs employés internes et des fournisseurs externes aidant à implémenter les campagnes, nous faisions souvent des erreurs.

L'une des principales erreurs dont je me souviens à cette époque est l'envoi de centaines de milliers de courriels au nom d'une grande institution financière indiquant le mauvais numéro de téléphone. Plus préoccupant encore, le numéro utilisé s'est avéré être le numéro d'un service psychiatrique local.

J'en ai déduit que le numéro avait été inséré lors de la révision ou qu'il s'agissait vraiment d'un manque de chance total.

Bien sûr, l'entreprise a pu envoyer un courriel d'excuses par la suite et a modifié la version web du courriel, mais une fois le courriel envoyé, *il est envoyé.*

Qu'il s'agisse d'un courriel d'information, d'une promotion ou d'un courriel de lancement, il est inutile de tout miser sur un nouveau courriel qui n'a pas encore fait ses preuves.

- Si le courriel est appelé à remplacer ou à améliorer un courriel existant, effectuez un test A/B, en le déployant progressivement au fur et à mesure que ses performances se confirment.
- S'il s'agit d'un tout nouveau courriel ou d'une campagne ponctuelle, comme une promotion ou un lancement de produit, commencez par un *pré-test*.

Cela vous permettra d'éviter les erreurs et d'améliorer les performances de vos campagnes.

Les pré-tests ajoutent des jours — des heures si vous avez suffisamment de volume — à vos séquences de déploiement. Ils nécessitent une bonne segmentation des données, mais le jeu en vaut la chandelle.

Pour effectuer de bons pré-tests, vous avez besoin de groupes de test aléatoires et mutuellement exclusifs sur l'ensemble de votre parcours client. Ainsi, vous pourrez tester vos courriels de bienvenue, de réactivation ou d'upsell.

La meilleure façon d'y parvenir est d'utiliser des identifiants (ID) d'utilisateur. Les ID utilisateur sont généralement attribués de manière aléatoire et ont tendance à être équilibrés au sein de votre base d'utilisateurs. S'ils sont envoyés à votre plateforme d'automatisation de courriel (ce qui devrait être le cas), ils comportent généralement 16 caractères de départ (de 0 à 9, et de A à F).

3088c74f-9c3d-48c6-b6d4-5a96e14daf8e

Figure 24-1 - Exemple d'un identifiant utilisateur

Vous pouvez donc utiliser ces caractères de départ afin de créer 16 segments aléatoires.

<u>3</u> 088c74f-9c3d-48c6-b6d4-5a96e14daf8e

Figure 24-2 - Exemple de caractères de départ d'un identifiant utilisateur

En fonction de la quantité d'utilisateurs visés, vous pouvez tester plusieurs échantillons (1/16e, 1/8e, 1/4e, etc.) ou tester plusieurs versions en parallèle.

Par exemple :

1. Avec une liste de 10 000 utilisateurs, vous pourriez commencer à tester quatre offres avec 625 utilisateurs chacune.
2. En fonction des résultats (ouvertures x clics x objectifs), vous pourriez tester les deux meilleures options avec un quart de votre liste (2 500 utilisateurs).
3. Enfin, vous pourriez envoyer la meilleure version aux 5 000 utilisateurs restants.

Cela vous permettrait d'établir un degré de certitude et de confiance dans votre courriel final avant de l'envoyer.

Cette méthode permettrait également de fixer des attentes raisonnables en ce qui a trait aux performances, et d'améliorer les résultats au fil de la campagne. Cela aiderait également les diverses équipes de votre organisation à anticiper les hausses de trafic qui pourraient être engendrées.

Au fur et à mesure que votre audience et votre activité se développent, les attentes en termes de signification statistique – la probabilité qu'une relation entre deux variables ou plus soit causée par autre chose que le hasard –

augmenteront.

D'ici là, attendre une centaine de conversions par variante avant de prendre une décision devrait être suffisant.

Il n'est jamais sensé de faire des envois massifs sans avoir préalablement effectué de tests.

Préparez-vous en conséquence. Le prochain chapitre examine les étapes clefs à suivre avant d'appuyer sur le bouton d'envoi.

25

Faire ceci avant d'envoyer un courriel

Chez LANDR, la plus grande erreur que nous avons commise en matière de courriel était une *growth experiment* (expérience sur la croissance) qui a mal tourné. C'était une expérience simple : nous testions une mise à niveau gratuite d'un mois à un abonnement payant auprès d'environ 500 utilisateurs. En modifiant un paramètre de segmentation – dans le cadre du segment, et non de la campagne – nous avons envoyé par mégarde notre expérience à 85 000 utilisateurs (85 000 uniquement parce que nous l'avons détecté à temps).

Le courriel aurait facilement été envoyé à l'ensemble de notre base d'utilisateurs si l'équipe de développement ne l'avait pas détecté.

En raison de ce test, notre équipe a dû envoyer un courriel d'excuses, faire des heures supplémentaires et écrire du code spécifique afin de pouvoir mettre à niveau 85 000 utilisateurs un vendredi à 17 heures. Inutile de dire que l'équipe de développement nous a adorés !

Les erreurs surviennent lorsque les équipes se sentent trop à l'aise dans la configuration des campagnes de courriel. Pour éviter les erreurs, je recommande fortement de créer une routine de pré-envoi et de la réviser même lorsque vous aurez l'impression de la connaître par cœur.

Avant de lancer une campagne, vérifiez :

- **La segmentation** : *À qui la campagne sera-t-elle envoyée ?* Examinez les profils d'utilisateurs aléatoires de votre liste : *S'agit-il des personnes que vous souhaitez contacter avec cette campagne ? Y a-t-il des risques de chevauchement des campagnes ?*
- **Le moment d'envoi** : *Quand la campagne sera-t-elle envoyée ? L'envoi se poursuivra-t-il au-delà de l'envoi initial ? Fonctionnera-t-il sur plusieurs fuseaux horaires ?*
- **Le nom de l'expéditeur** : *La campagne est-elle envoyée par la bonne personne ? Comment le contact apparaît-il dans la boîte de réception ?*
- **L'adresse de courriel de l'expéditeur** : *Passe-t-elle les filtres anti-pourriel ? A-t-elle une allure professionnelle ?*
- **La ligne d'objet** : *Obtient-elle de bons résultats avec les outils de test ? Y a-t-il des caractères étranges qui ont été introduits ?* Cette question est particulièrement importante pour les communications en langue étrangère.
- **Le texte d'aperçu** : *Les mots escomptés apparaissent-ils dans les boîtes de réception ?* La longueur du texte varie en fonction des clients de messagerie. 100 caractères est un nombre raisonnable pour votre texte d'aperçu.
- **La personnalisation** : *Les variables contiennent-elles les bonnes données ? Les options de rechange ont-elles un sens ?* Il faut toujours prévoir une solution de rechange lorsqu'on utilise du contenu variable.
- **Le texte** : *L'offre est-elle appropriée ? Y a-t-il des paragraphes interrompus ? Le contenu contient-il des erreurs ? Les codes de rabais fonctionnent-ils ?*
- **Les liens** : *Les liens sont-ils fonctionnels ? Les images ont-elles été dotées de liens ? Avez-vous utilisé les bons codes de suivi (UTM) ?*
- **La confidentialité** : *Y a-t-il une façon simple de se désabonner ? Toutes les informations requises en bas de page ont-elles été incluses dans le courriel ?*
- **Le gabarit** : *Le gabarit a-t-il été testé dans les principales boîtes de réception comme Gmail, Outlook et Hotmail, ainsi que sur les principaux périphériques ? Y a-t-il des problèmes de HTML réactif ?*

- **L'objectif** : *Avez-vous un moyen clair de mesurer les résultats ? Comment allez-vous évaluer la performance de cette campagne ?*

Ces étapes peuvent vous sembler redondantes, mais elles vous éviteront bien des maux de tête. Vous pouvez utiliser la liste de suivi disponible sur saasplaybook.co/preenvoi pour effectuer vos propres vérifications.

Vous pouvez également ajouter quelques critères plus subjectifs. Par exemple, je m'assure généralement que mes courriels sont :

1. **Personnels/Personnalisés** : Je ne veux pas paraître impersonnel, froid ou uniquement intéressé par une vente.
2. **Libres de toute supposition** : Je ne présume pas que le destinataire sait déjà que le produit mérite son attention ou qu'il est immédiatement prêt à l'acheter.
3. **De valeur** : Je mets l'accent sur les bénéfices pour le lecteur.
4. **Empathique/Conscient du contexte** : Je m'assure que chaque courriel est spécifique au moment où l'utilisateur se situe dans son cheminement.
5. **Décontracté/Facile à répondre** (si c'est l'objectif).

Stephanie Knapp, spécialiste du marketing de contenu SaaS, recommande de poser les questions suivantes[25] :

- *L'objectif est-il clair ?*
- *Est-il axé sur le client ?*
- *Attire-t-il l'attention ou est-il mémorable ?*
- *Est-il logique ?*
- *Est-il unique ?*

Créez vos propres critères.

N'oubliez pas de revisiter la campagne quelques jours après son lancement, en faisant le point avec l'équipe support. Un processus similaire vous permettra de vous assurer qu'aucun problème ou commentaire important ne vous a échappé.

Après avoir passé en revue la liste, vous êtes prêt à appuyer sur « envoyer ».

C'est parti !!!

26

Mise en place des rapports

Il est surprenant de constater que les analytiques et les rapports sur les courriels n'ont pas beaucoup évolué au cours des 10 à 15 dernières années. Par exemple, les métriques utilisées par MailChimp en 2006[26] sont plus ou moins celles disponibles aujourd'hui :

Figure 26.1 – Rapport de campagne MailChimp (2006)

Bien qu'il y ait eu quelques ajouts comme le suivi des objectifs ou du commerce électronique, le reporting n'a pas été le volet le plus innovant de leur activité. Il en va de même pour les autres plateformes d'email marketing.

En effet, cela est dû en partie aux limitations des en-têtes de courriels, les méta-informations incluses dans chaque courriel envoyé. Les données d'en-tête de courriel sont demeurées sensiblement les mêmes au fil du temps.

Les entreprises peuvent ainsi obtenir des données sur :

- les envois ;
- les ouvertures ;
- les clics ;
- les rebonds ;
- les désabonnements ; et
- (parfois) la livrabilité.

Malheureusement, le mode de calcul de certaines de ces métriques est problématique.

Les ouvertures, par exemple, dépendent d'un minuscule pixel qui se charge lorsque les courriels sont ouverts. Si les destinataires n'ont pas activé l'affichage des images, leurs ouvertures ne sont pas comptabilisées.

Sur un téléphone portable ou avec Gmail, le client de messagerie le plus populaire[27], il est souvent plus facile d'ouvrir un courriel pour le supprimer que de le supprimer tout simplement. Cela engendre donc un grand nombre de faux positifs.

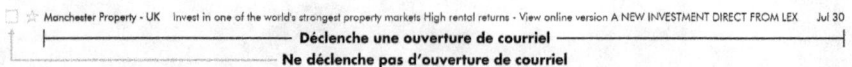

Figure 26.2 - Zones de clics dans la boîte de réception

Les transferts de courriels déclenchent également des ouvertures, il est donc tout à fait possible qu'un courriel ait un taux d'ouverture supérieur à 100 %. Aussi bizarre que cela puisse paraître, je l'ai déjà vu.

La situation n'est guère meilleure en ce qui a trait aux clics. Le taux de clics prend en compte tous les clics de la même manière. Cela signifie que les clics dans le bas de page et les clics sur votre CTA sont regroupés.

Les clics sont également calculés sur le nombre d'envois, et non sur le nombre d'ouvertures, ce qui signifie que les taux de clics peuvent en fait être très trompeurs.

Par exemple, 5 % de personnes qui ouvrent votre courriel et cliquent sur votre bouton principal a une signification complètement différente si le taux d'ouverture est de 10 % (50 % des utilisateurs ont cliqué) ou de 90 %.

De plus, le comportement des utilisateurs sur le site est rarement pris en compte dans le calcul des clics. Les clics suivis d'un rebond rapide (lorsque l'utilisateur quitte immédiatement le site) ont également le même poids ; ils ne sont pas pris en compte ou traités de manière différente.

Les désabonnements sont rarement attribués aux bons courriels. Le désengagement de la liste n'est pas pris en compte. En bref, les analytiques et les rapports de courriel posent de nombreux problèmes. Il peut être difficile de faire le suivi des performances de vos courriels.

Pour suivre les performances des courriels, vous pouvez :

- vous rendre dans votre plateforme d'email marketing et faire le suivi des performances campagne par campagne ;
- exporter les données et créer une feuille de calcul pour les rapports (ce que nous faisions chez LANDR) ;
- utiliser des interfaces de programme d'application (API) afin de suivre

les données et de créer des tableaux de bord. Cette méthode nécessite généralement un peu de temps d'ingénierie de la part de votre équipe.

Dans tous les cas, il vous faudra combiner différentes sources de données, comme les performances sur le site et l'engagement par courriel, afin d'obtenir une vue d'ensemble des performances.

Il est également judicieux de prendre du recul par rapport aux résultats agrégés (par exemple 10 000 courriels envoyés, 30 % d'ouvertures, 5 % de clics) afin de privilégier les tendances et les performances au fil du temps. *Comment vos campagnes évoluent-elles entre certaines dates ? Après les derniers changements que vous avez effectués ? Par segments ?*

Les statistiques que vous devez suivre pour vos campagnes sont les suivantes :

- **Le volume d'envoi** : Le nombre de personnes contactées ;
- **Les ouvertures** : Le nombre de personnes qui ont effectivement vu vos courriels ;
- **Les clics** : Le nombre de personnes qui ont fait une action sur votre offre ; et
- **La complétion de l'objectif** : Le nombre de personnes qui ont effectué l'action que vous espériez qu'ils fassent.

En plus de cela, je recommande souvent de surveiller :

- **La livraison des courriels** : Le nombre de courriels véritablement reçus par rapport au volume d'envoi ;
- **Les rebonds sur le site** : Le nombre de personnes qui ont cliqué sur le lien et l'ont quitté sans même avoir pris en compte votre offre ; et
- **Les réponses** : Si votre objectif inclut l'obtention de réponses, ou s'il y a une valeur ajoutée aux réponses des destinataires, comme dans le cas d'une demande de commentaires, il peut être intéressant de faire un

suivi de ces réponses.

Au départ (0-20 communications ou tests A/B), il est facile de faire le suivi des performances directement sur vos plateformes d'email marketing.

Lorsque vous aurez dépassé ce nombre – ou si vous utilisez plusieurs plateformes de courriel ou de notifications comme SendGrid **et** Intercom – vous devrez exporter les résultats afin de suivre des campagnes spécifiques.

Lorsque votre entreprise commencera à dépendre du marketing par courriel, vous devrez utiliser des produits comme Highlights[28] ou configurer des APIs pour assurer le suivi.

Cela vous permettra d'obtenir une image claire de la performance totale sur certaines périodes, ce qui vous aidera à optimiser vos campagnes par la suite.

Malheureusement, il n'est pas facile d'obtenir une image claire de votre programme de courriel, mais avec de bons rapports, vous pouvez commencer à y voir plus clair.

Choisissez une période (hebdomadaire, bihebdomadaire, mensuelle) en fonction de votre volume d'envoi et du rythme. Commencez à mesurer les métriques pertinentes. Suivez l'impact réel du courriel sur vos performances. Vous serez ainsi en mesure d'identifier les lacunes et les opportunités afin d'optimiser les bons courriels.

Vous pouvez utiliser le gabarit disponible sur saasplaybook.co/rapports pour démarrer rapidement.

Dans le chapitre suivant, nous nous pencherons plus particulièrement sur l'optimisation.

27

Faire le suivi de l'hygiène des listes

La création de votre programme de courriel va vous coûter des abonnés courriel.

Peut-être que les personnes que vous allez perdre ne s'attendaient pas à ce que vous leur envoyiez des courriels. Peut-être espéraient-elles quelque chose de différent. Ou peut-être n'ont-elles pas apprécié l'un des tests ou l'une des expériences que vous avez réalisées. Quelle que soit la raison, il est normal de perdre des abonnés lors de la mise en place de votre programme d'email marketing.

Pour éviter les rapports d'abus et respecter les réglementations comme le règlement général sur la protection des données (RGPD) de l'UE ou la loi CAN-SPAM, vous devez vous assurer que tous vos courriels, transactionnels ou non, comportent un lien de désabonnement en un clic. Lorsque les demandes de désabonnement proviennent du service à la clientèle, vous devez également les traiter le plus rapidement possible.

Si vos courriels sont trop souvent signalés comme pourriel, il sera plus difficile pour les abonnés qui s'intéressent vraiment à vos courriels de les recevoir. Il ne sert donc à rien de forcer vos utilisateurs à recevoir vos courriels.

Vous devriez également surveiller :

- le nombre de désabonnements par liste, pays et appareil (web ou portable) ;
- les motifs de désinscription de vos utilisateurs (recueillis par MailChimp, ActiveCampaign et de nombreuses plateformes d'email marketing) ;
- le nombre de rebonds (temporaires et définitifs), qui vous indique si une adresse de courriel est temporairement ou définitivement inaccessible ; et
- les rapports de livrabilité et d'abus.

Pour assurer le suivi des rapports de livrabilité et d'abus, vous pouvez utiliser des outils gratuits comme Sender Score[29], Litmus Spam Testing[30] ou Email on Acid Spam Testing[31].

Vous devez également effectuer le suivi du désengagement de la liste (quand et qui se désengage au fil du temps). Les abonnés désengagés peuvent être vus comme des désabonnés passifs. Ils faussent considérablement vos statistiques.

On peut argumenter en faveur de la suppression pure et simple des utilisateurs désengagés de vos listes de courriel, mais je ne pense pas que ce soit entièrement justifié. Bien que ce soit difficile, il est possible de réactiver certains de vos utilisateurs désengagés. Nous explorerons comment y parvenir dans l'analyse immersive sur la réactivation à la fin du livre.

Vous devez suivre l'évolution de chacune de ces métriques au fil du temps.

Assurez-vous que votre taux de désinscription demeure inférieur à 0,5 %[32]. Si votre taux de désinscription est supérieur à ce seuil, vérifiez les profils de vos utilisateurs afin de voir combien de courriels ils ont reçu (transactionnels, ponctuels et automatisés confondus) et d'évaluer la pertinence de ces courriels.

Si le courriel est au cœur de l'engagement de votre produit, vous pouvez définir des préférences de courriel plus granulaires sur votre site (par exemple pour la fréquence, le type de courriels, les sujets, etc.)

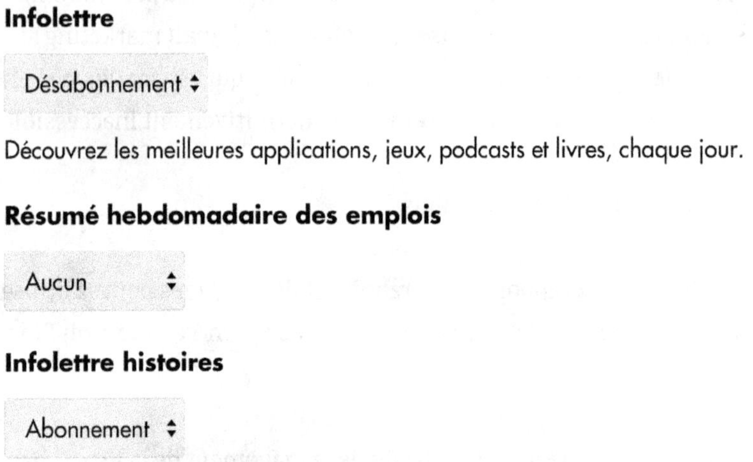

Infolettre

Désabonnement ⬍

Découvrez les meilleures applications, jeux, podcasts et livres, chaque jour.

Résumé hebdomadaire des emplois

Aucun ⬍

Infolettre histoires

Abonnement ⬍

Figure 27.1 - Exemple de préférences granulaires pour les courriels

Votre segmentation et votre configuration doivent également faire l'objet d'une vérification, en particulier lors de la mise en ligne de nouvelles fonctionnalités.

Il n'est pas rare que les nouvelles versions d'un produit modifient la structure des liens courriel, la gestion des UTM ou les données de segmentation introduites dans votre plateforme d'automatisation du marketing. Ces problèmes peuvent être difficiles à repérer. Travaillez en étroite collaboration avec les chefs de produit et l'équipe d'assurance qualité pour vous assurer que vos besoins sont bien compris afin d'identifier et de résoudre les problèmes.

Gardez un œil sur ces données. Cette courte liste vous donnera au moins des pistes à explorer en cas de problème.

28

Recherche de nouvelles opportunités de courriels

À mesure que vous investissez dans votre programme de courriels, vous allez certainement vous rendre compte que les campagnes se classent généralement dans l'une des quatre catégories suivantes :

1. **Les courriels qui fonctionnent bien, ou qui sont au moins « assez bons »** : Ces courriels peuvent toujours être améliorés, mais ils ne nécessitent pas votre attention dans l'immédiat.

2. **Les courriels qui sous-performent** : Ces courriels peuvent être optimisés, mais si vous êtes toujours en train de mettre en place votre programme de courriel, le bénéfice de les optimiser peut ou non mériter votre attention.

3. **Les courriels qui ne fonctionnent tout simplement pas** : Ces courriels n'atteignent pas votre objectif initial. Vous devez soit les remplacer si le moment d'envoi du courriel a toujours du sens, soit les éliminer complètement. Pour ces courriels, il est important de savoir s'il faut les éliminer ou les retravailler.

4. **Les courriels dont vous savez que vous aurez besoin, mais que vous n'avez pas encore eu l'occasion de créer** : Il peut s'agir de nouvelles séquences de courriels ou de simples ajouts pour aider à rectifier

certains comportements. Vous pouvez généralement identifier ces opportunités en consultant les communications de votre équipe de support ou vos analytiques. Nous verrons plus tard comment y parvenir dans l'analyse immersive sur les courriels comportementaux et de cycle de vie.

Catégorisez vos courriels existants dans ces quatre catégories.

Inscrivez les courriels dont vous aurez besoin à titre de *tests*.

Il sera toujours plus coûteux – en termes de temps et de ressources – de créer de nouveaux courriels que d'optimiser vos campagnes existantes.

Au fur et à mesure que vous apprenez à connaître votre entreprise et votre programme de courriels, les lacunes deviendront de plus en plus évidentes.

Dans quels domaines votre entreprise a-t-elle le plus de difficulté actuellement ?

- *La rétention ?*
- *Les revenus ?*
- *Les conversions ?*
- *L'obtention de rétroactions ?*

Les courriels peuvent-ils vous aider à atteindre ces objectifs ?

Serait-il judicieux de faire croître votre programme afin de répondre à ces défis par le biais du courriel ou d'autres outils de communication ?

Il va toujours y avoir des opportunités d'expérimenter et de faire croître votre programme si vous les cherchez, mais ajouter de nouvelles communications a toujours un coût en termes d'efforts initiaux et de gestion.

C'est pourquoi il est préférable de toujours se poser la question suivante :

Avons-nous vraiment besoin de cela ?

Expérimentez, testez et étendez votre programme au besoin.

Dans la prochaine section, nous examinerons différentes façons d'améliorer l'efficacité de vos courriels par l'entremise de tests et d'optimisations continues.

IV

Optimisation

29

Pourquoi l'optimisation est importante

Je suis un grand fan de l'optimisation.

Lorsque vous optimisez, une petite modification qui peut ne prendre que cinq minutes à mettre en place peut vous rapporter plus d'argent, d'utilisateurs ou d'inscriptions.

L'optimisation peut être l'une des activités les plus rentables pour une entreprise SaaS. Non seulement elle vous permet d'obtenir des résultats à court terme, mais ces résultats peuvent être amplifiés et répétés grâce à l'automatisation.

Par exemple, la séquence drip que j'ai mise en place pour mon livre, *Lean B2B*, obtient entre 35 et 45 % d'ouvertures et 5 à 10 % de clics depuis plus de trois ans.

Elle n'est toujours pas *optimale*, mais il a suffi de quelques itérations pour en arriver à ces résultats.

En SaaS, comme vos utilisateurs passent par les mêmes campagnes, toute amélioration apportée au début de l'entonnoir améliore également la fin de l'entonnoir.

- Améliorez votre courriel de bienvenue et les utilisateurs auront davantage le désir d'utiliser votre produit.
- Améliorez votre séquence d'onboarding et davantage d'utilisateurs percevront la valeur de votre produit et s'abonneront.
- Améliorez la qualité de vos courriels d'upsell et davantage d'abonnements dureront six mois ou plus.
- Améliorez vos courriels de rétention et peut-être pourrez-vous faire passer cette durée à deux ans.

Chez LANDR, en moins de trois heures par semaine, nous avons pu augmenter régulièrement les performances et les conversions sur toute notre base d'utilisateurs.

Avec le bon processus d'optimisation, vous pouvez cumuler les améliorations.

C'est le processus que je vais vous présenter dans cette section. Le processus qui vous aidera à obtenir davantage avec moins.

Allons-y !

30

Le problème et les limites des benchmarks

Je déteste le dire, mais les benchmarks (points de référence) pour la performance des courriels sont inutiles. Si vous les utilisez comme points de repère pour vos campagnes, vos courriels seront toujours sous-performants. Que vous le vouliez ou non, vous limiterez vous-même le potentiel de votre programme d'email marketing.

Par exemple, en octobre 2019[33], MailChimp a communiqué l'information que le taux d'ouverture moyen toutes industries confondues est d'un peu plus de 21 %. Chez LANDR, seules nos pires campagnes ouvraient à 21 % ou moins. Si nous avions basé nos évaluations sur ces repères, nous n'aurions jamais eu de courriels qui ouvraient à deux, trois ou quatre fois ce taux.

Le problème de ce type de benchmarks est qu'il est basé sur la moyenne de plusieurs types de courriels et que la plupart des entreprises de votre secteur d'activité – ou de tous les secteurs d'activité en fait – sont sous-performantes en termes de marketing par courriel. Bien que vous puissiez utiliser ces repères comme points de départ, les meilleurs comparatifs seront les performances de vos propres campagnes.

C'est l'une des raisons pour lesquelles l'optimisation et les tests sont si importants.

Les tests vous permettent de découvrir les limites *réelles* pour votre entreprise.

Votre courriel de bienvenue ouvre à 21 % ? Peut-être pourrait-il ouvrir à 60 % ? Vous auriez ainsi trois fois plus de personnes dans votre entonnoir qui envisageraient d'acheter votre produit.

Lorsque nous avons commencé à analyser les données de courriels afin de créer Highlights, nous avons vite constaté que comparer tous les courriels entre eux donnait, au mieux, de mauvais résultats. Par exemple, nous avions à cette époque un courriel qui ouvrait à 100 % sur un très faible volume, un courriel de bienvenue d'infolettre qui ouvrait à 71 %, et notre pire courriel qui ouvrait à 18,8 %.

Aurait-il été judicieux de considérer toutes ces campagnes ensemble ?

Pas vraiment.

La bonne solution a été de créer des groupes de courriels similaires.

En fonction de l'organisation et des performances, nous avons souvent relevé trois ou quatre groupes de performances distincts :

1. **Les mises à jour de contenu et les courriels de bienvenue** : Le courriel de bienvenue a tendance à être le courriel qui obtient le plus d'ouvertures dans toutes les entreprises. Les mises à jour de contenu sont ponctuelles et à la demande des clients potentiels et des utilisateurs. En examinant les données, il était donc pertinent de regrouper ces deux groupes.
2. **Les courriels d'onboarding et de promotion** : Les courriels d'onboarding succèdent aux courriels de bienvenue. Tant qu'ils demeurent pertinents, les utilisateurs risquent de continuer à s'engager. De manière générale, les gens ont également tendance à aimer les ventes et les promotions.

3. **Les infolettres et les courriels réguliers** : Cette catégorie est un peu un mélange un peu disparate. Ces courriels ont tendance à être moins performants, avec une grande variabilité dans les performances.

4. **Les courriels aux utilisateurs désengagés** : Peut-être que ces utilisateurs ont cessé d'utiliser votre produit il y a longtemps, peut-être qu'ils n'arrivent pas à trouver le lien de désabonnement, ou peut-être qu'ils n'ont plus accès à l'adresse courriel sur laquelle vous les contactez. Peu importe la raison, il est normal que les performances soient plus faibles pour ces courriels.

L'analyse comparative de vos performances antérieures est la seule façon de se faire une idée claire du potentiel de votre programme de marketing par courriel. Si l'un de vos courriels drip est ouvert à 20 %, mais que tous vos autres courriels de la séquence sont ouverts à 40 %, il est généralement facile d'identifier le problème.

Ne laissez pas une liste externe vous dicter les limites. Trouvez-les vous-même !

31

Trouver (et prioriser) des candidats à l'optimisation

Ce n'est pas toujours une bonne idée d'optimiser. Vous devez savoir qu'un courriel vous permettra d'atteindre vos objectifs *de manière fiable* avant de commencer à penser à l'optimiser.

Par exemple, si vous n'avez pas encore atteint l'adéquation produit-marché (ce qui ne devrait pas être le cas si vous lisez ce livre), les leviers commerciaux ne seront pas totalement clairs, si bien qu'il ne sera pas évident de savoir par rapport à quoi optimiser. Dans ce cas, l'optimisation ne sera pas une très bonne utilisation de votre temps.

De même, si vous n'avez pas assez d'utilisateurs, de trafic ou d'inscriptions, le cycle d'évaluation – le temps nécessaire pour obtenir des résultats de test statistiquement significatifs – risque d'être trop long pour faire avancer les choses rapidement. Si c'est le cas, il est préférable de se concentrer en premier lieu sur l'acquisition de trafic.

L'optimisation est utile lorsque les objectifs commerciaux sont clairs et que vous avez suffisamment de trafic pour itérer rapidement.

À ce stade, savez-vous quoi dire ou quoi faire afin d'influencer le comportement de vos utilisateurs pour :

- *Obtenir davantage de conversions ?*
- *Augmenter le revenu par utilisateur ?*
- *Susciter plus d'utilisation de votre produit ?*
- *Améliorer la rétention ?*
- *Obtenir des rétroactions de vos utilisateurs ?*

Sans ces informations, vous ne pourrez qu'optimiser vos courriels en fonction des métriques de base comme les clics et les ouvertures. Cette approche *peut* fonctionner, mais elle ne vous permettra pas d'atteindre une véritable croissance durable.

Il est possible d'optimiser un courriel afin d'obtenir des résultats extraordinaires, mais s'il s'agit du mauvais courriel, cela ne servira pas à grand-chose.

Alors, *comment trouver les bonnes communications à optimiser ?*

Les courriels à optimiser combinent les éléments suivants :

- **Volume** : Si un courriel n'est envoyé que quelques fois par mois, il ne vaut probablement pas la peine que vous y consacriez votre temps.
- **Constance** : Quand vous introduisez un nouveau courriel dans votre programme, il n'est généralement pas stable. Dans ce cas, il vous faudra du temps pour savoir s'il fonctionne réellement. Optimiser avant de savoir ce à quoi vous faites face est rarement une bonne idée.
- **Valeur de l'objectif** : Le courriel est-il destiné à influencer un élément clef de votre entreprise ou seulement un objectif secondaire ?

La question à se poser est donc la suivante : quels courriels sont les plus susceptibles d'influencer vos objectifs commerciaux clefs ?

- *Vous souhaitez optimiser l'utilisation ?* Concentrez-vous sur votre séquence de bienvenue et d'onboarding.
- *Vous souhaitez optimiser les conversions ?* Concentrez-vous sur votre courriel d'upgrade et sur les courriels qui le précèdent.
- *Vous souhaitez améliorer la fidélisation ?* Concentrez-vous sur vos courriels d'upsell à l'année et vos courriels transactionnels.

Les courriels de type piliers comme ceux-ci ont un impact disproportionné sur les performances. De petites améliorations apportées aux performances de ces courriels vont générer plus de résultats que de grandes améliorations sur des dizaines de courriels secondaires.

Pour démarrer l'optimisation, passez en revue l'ensemble de votre programme. Identifiez les courriels les plus importants en fonction de vos objectifs principaux.

En fonction des performances de votre entreprise, notez ceux qui ont :

- un taux de livrabilité inférieur à la moyenne (si vous disposez de ces données) ;
- un taux d'ouverture inférieur à la moyenne ;
- un taux de clics inférieur à la moyenne ; et
- un taux d'objectif inférieur à la moyenne, en analysant l'ensemble de votre entonnoir.

Les courriels ayant un faible taux d'ouverture seront les plus rapides à améliorer. Les problèmes liés aux taux de clics et d'objectifs peuvent prendre beaucoup plus de temps à résoudre.

Parfois, l'optimisation peut être aussi simple que de réordonner les courriels en place selon les étapes du continuum de sensibilisation (chapitre n°5).

Créez une liste des campagnes les plus importantes à améliorer et des solutions à leur apporter.

Dans les prochains chapitres, nous verrons ce qu'il faut faire avec chacun de ces courriels.

32

Évaluation de la pertinence

Avec suffisamment d'efforts, il est tout à fait possible de faire cliquer les gens sur le mauvais courriel. Ce n'est probablement pas ce que vous cherchez à faire, mais c'est tout à fait possible.

Tout courriel qui ne suscite pas un comportement souhaité par les deux parties – votre entreprise et vos utilisateurs – mine la confiance des utilisateurs et nuit aux performances futures de vos courriels.

En d'autres termes, vous « brûlez » des utilisateurs.

Il est possible d'obtenir un taux d'ouverture de 50 % et un taux de clics de 15 % en utilisant toutes les astuces et tous les appâts de clics du monde. Mais si les utilisateurs se rendent sur votre site et ont l'impression d'avoir été dupés, ils se désabonneront, n'ouvriront pas vos prochains courriels, ou, pire, signaleront vos courriels comme étant des pourriels. Tout cela nuit alors à vos performances futures. Game over.

La première question à se poser, et il faut être honnête, est la suivante : « Cette communication spécifique ajoute-t-elle à votre programme de courriels ? », ou si vous êtes encore en phase de test, « a-t-elle une réelle chance d'ajouter à la valeur de votre programme ? ».

Si ce n'est pas le cas, supprimez-la.

Les meilleurs programmes de courriel ont le nombre adéquat de courriels pour obtenir le niveau maximal d'engagement ou de résultats. **Envoyer un plus grand nombre de courriels n'équivaut *pas* directement à tirer plus de résultats de votre programme**.

Pour savoir si un courriel est utile, vous devez examiner le comportement de vos utilisateurs sur votre site ou dans votre application, c'est-à-dire ce qui se passe lorsqu'ils cliquent sur les liens de vos courriels. Pour ce faire, vous pouvez utiliser le suivi des objectifs ou des micro-objectifs, si votre plateforme de marketing par courriel le permet.

Vous pouvez également utiliser des codes UTM spécifiques pour ce suivi. Un code UTM est une chaîne de texte que vous pouvez ajouter à un lien URL afin de suivre son trafic sur le site. Les codes ressemblent à ceci :

```
?utm_source=buffer&utm_medium=post-original&utm_content=-image
&utm_campaign=25-social-media-strategies
```

Les éléments clefs sont les suivants :

1. **Medium** : Les *mediums* sont les canaux de Google Analytics (referral, organic, social, cpc, email, etc), ou alternativement, les nouveaux regroupements que vous souhaitez que Google Analytics crée.
2. **Source** : Le paramètre *Source* répond à la question « D'où provient mon trafic ? ». Google recommande d'utiliser *Source* pour décrire le référent, par exemple le nom d'une séquence comme onboarding ou recommandation.
3. **Campaign** : Le paramètre *Campaign* est la raison pour laquelle le trafic se dirige vers cette page. Il peut s'agir de l'objectif spécifique de votre

courriel. Par exemple, le nom d'une offre ou la fonctionnalité dont vous faites la promotion.

Vous pouvez utiliser le constructeur d'URL de Google[34] pour créer les UTM nécessaires. Il est conseillé d'ajouter des UTM distincts à tous les liens importants de vos courriels.

Initialement, les UTM étaient conçus pour être suivis dans Google Analytics[35], mais aujourd'hui, la plupart des plateformes analytiques (Amplitude, Mixpanel, Heap, etc.) peuvent également interpréter les UTM.

Pour suivre les performances sur le site, vous devez configurer des objectifs[36] ou des événements Google Analytics.

Dans Google Analytics, vous pouvez suivre les objectifs sous Conversions > Objectifs, et les événements sous Comportement > Événements > Principaux événements.

En combinant les UTM (Acquisition > Campagnes > Toutes les campagnes) avec les objectifs ou les événements comme dimensions secondaires, vous serez en mesure d'évaluer des résultats spécifiques.

La question à laquelle vous essayez vraiment de répondre est la suivante : *l'action est-elle réalisée* **grâce** *au courriel ? Ou bien ces utilisateurs allaient-ils entreprendre cette action de toute façon ?*

Si votre groupe d'utilisateurs a vraiment des profils similaires – par exemple s'ils sont aussi engagés les uns que les autres – vous pouvez effectuer un test fractionné. En fonction du volume de courriels, vous pouvez effectuer un test avant que les utilisateurs ne reçoivent un courriel, et un test de contrôle lorsque les utilisateurs ne reçoivent pas de courriel. *Dans quelle mesure le comportement des utilisateurs diffère-t-il ?*

En examinant les profils spécifiques et les actions effectuées sur le site après l'ouverture du courriel (pas uniquement la réception du courriel afin de comprendre si le contenu du courriel a réellement influencé le comportement), vous serez en mesure de déterminer si votre communication suscite le bon comportement et *ajoute* à votre programme. Même si le changement de comportement est très faible, le courriel peut être optimisé et amélioré pour le rendre plus efficace.

Vous pouvez décider d'optimiser des courriels qui n'ont pas montré de potentiel de performance, éventuellement mais généralement, même un mauvais courriel réussira à susciter *un certain changement* de comportement s'il y a du volume et que le contenu est pertinent.

Ne vous attachez pas trop à vos courriels. C'est l'une des principales raisons pour lesquelles il ne faut jamais *surinvestir* dans la conception et la création des courriels.

Dans le prochain chapitre, nous allons nous pencher sur l'optimisation de la livrabilité.

33

Optimisation de la livrabilité des courriels

Selon un rapport de Validity sur la livrabilité des courriels, 17 % des courriels avec permission n'atteignent jamais la boîte de réception[37]. Ce qui signifie que 17 % de votre base d'utilisateurs ne reçoit probablement jamais d'informations de votre part. C'est énorme !

De nombreux facteurs influencent la livrabilité des courriels (la réputation, la pertinence, le format du courriel, le volume d'envoi, les plaintes de pourriel, les taux de rebond, les listes noires, etc.). À moins que vous envoyiez vos courriels par l'intermédiaire d'une plateforme de courriel transactionnel (par exemple SendGrid, Postmark, ou MailGun, etc.), il ne sera pas facile de vous comparer à ce 17 %. Des plateformes comme MailChimp ou Intercom par exemple ne signaleront que les problèmes majeurs de livrabilité.

Cela signifie que vous devez faire pleinement confiance à la plateforme que vous utilisez. Il importe donc en premier lieu de s'assurer que vos envois proviennent d'un expéditeur de bonne réputation. Il existe des centaines de plateformes d'email marketing sur le marché. Malheureusement, lorsque le coût est moindre, les standards de livrabilité sont souvent moins élevés.

Par conséquent, votre stratégie d'envoi de courriel peut être essentiellement inefficace, sans que cela soit nécessairement dû aux courriels que vous envoyez ou *tentez* d'envoyer.

Afin d'être proactif, vous pouvez utiliser des outils gratuits comme Return-Path's Sender Score[38] et son Blocklist Lookup[39], Postmark SPAM Check[40], ou Mail Tester[41] pour évaluer votre livrabilité. Les outils Litmus Spam Testing[42] et Email on Acid Spam Testing[43] sont également disponibles en option payante.

Je recommande de faire ce type de vérification tous les mois. Pensez également à consulter les rapports d'abus de votre plateforme courriel et les taux de désinscription (chapitre n°27).

Vous pouvez également optimiser la livrabilité en améliorant les éléments suivants :

1. **La double confirmation** : La double confirmation consiste à exiger d'un utilisateur qu'il confirme deux fois son souhait d'être ajouté à votre liste de courriel. Dans de nombreuses régions du monde (Europe et Canada par exemple), la double confirmation est la norme. Demander une deuxième confirmation réduit le risque que vos courriels soient considérés comme du pourriel.

2. **Le lien de désinscription** : Tous vos courriels doivent contenir un lien de désinscription *clair*, accessible en un clic, et bien souvent une adresse postale physique en bas de page. Il n'est pas conseillé de retarder le traitement des désinscriptions ou de contraindre les abonnés à faire des pieds et des mains pour se désinscrire de votre liste de diffusion. Vous risquez souvent de vous retrouver avec des courriels marqués comme pourriel (c'est après tout la façon la plus facile de se désinscrire).

3. **Le contenu** : Aux yeux des filtres anti-pourriel, les mots ne sont pas tous égaux. Pour assurer la livraison de vos courriels, évitez les mots déclencheurs de spam, les textes en majuscules et les points d'exclamation excessifs. Ceci est particulièrement vrai pour les lignes d'objet. Comme nous l'avons mentionné précédemment, il existe des

listes[44] de mots déclencheurs de pourriels disponibles en ligne.

4. **Le nom de l'expéditeur** : Un nom d'expéditeur facilement reconnaissable permet d'améliorer la livrabilité de vos courriels. Là encore, vous devez vous assurer que le nom que vous utilisez ne contient pas de termes déclencheurs de pourriel.

5. **L'adresse courriel de l'expéditeur** : Pour améliorer davantage la livrabilité, vous pouvez demander à vos abonnés d'ajouter votre adresse d'envoi à leur liste blanche. L'inscription sur liste blanche permet d'éviter que vos courriels ne se retrouvent dans le dossier des pourriels et d'améliorer le rendement de vos courriels.

6. **Le format du courriel** : Bien que ce ne soit plus aussi vrai qu'autrefois, le fait de proposer des versions HTML et en texte brut de vos courriels contribue à améliorer la livrabilité. En fait, plus vos courriels sont légers, plus ils ont de chances d'être reçus.

L'optimisation de la livrabilité est davantage une question de maintenance qu'autre chose. Elle permet de vous assurer que tous les utilisateurs visés reçoivent vos courriels.

Dans le prochain chapitre, nous allons commencer à améliorer les performances de vos courriels en optimisant leur taux d'ouverture.

34

Optimisation du taux d'ouverture des courriels

Le taux d'ouverture de vos courriels est l'une des métriques les plus importantes afin d'évaluer la performance de vos campagnes. Améliorer votre taux d'ouverture est la façon la plus simple d'élargir votre entonnoir d'email marketing.

Plus il y a de personnes qui ouvrent vos courriels, plus il y a de clients potentiels qui considèrent votre offre. Plus il y a de clients potentiels qui considèrent votre offre, plus il y a de ventes et plus le niveau d'engagement est élevé.

Comme nous l'avons mentionné précédemment, il n'est pas utile d'optimiser le taux d'ouverture des courriels lorsque le taux de livrabilité est trop bas. Toutefois, si vous êtes prêt à optimiser le taux d'ouverture de vos courriels, vous devriez cibler un taux d'ouverture d'environ 30 à 50 %.

Pour ce faire, vous pouvez vous concentrer sur les points suivants :

1. **La ligne d'objet** : La ligne d'objet est l'élément qui a la plus grande influence sur le taux d'ouverture des courriels. Une bonne ligne d'objet

peut faire en sorte que presque n'importe quel courriel soit ouvert. Cependant, si le contenu du courriel ne reflète pas l'objet du message ou si l'offre n'est pas pertinente, la confiance des utilisateurs en sera affectée, ce qui aura un impact négatif sur leur volonté d'ouvrir vos futurs courriels.

2. **Le texte d'aperçu** : Le texte d'aperçu est soit la première phrase de votre courriel, soit un élément de texte caché qui apparaît après la ligne d'objet dans la plupart des boîtes de courriel. Il permet de susciter la curiosité, de mettre en valeur votre personnalisation (par exemple « Bonjour Jean ») ou de faire ressortir les éléments clefs de votre courriel.

3. **L'adresse de courriel de l'expéditeur** : L'adresse de l'expéditeur est l'adresse que les utilisateurs ajoutent à leur liste blanche ou signalent comme étant un pourriel. Il est normal de conserver la même adresse de courriel d'envoi afin de permettre aux utilisateurs de l'ajouter à leur liste blanche. Cependant, il arrive que changer d'adresse de courriel permette de raviver des campagnes peu performantes.

4. **Le nom de l'expéditeur** : De nombreux tests peuvent être effectués sur le nom de l'expéditeur : particulier ou entreprise, homme ou femme, nom commun (par exemple Mathieu) ou nom peu courant (par exemple Jorane), etc. Si vous avez une idée précise de votre audience cible, vous pouvez généralement concevoir des tests pour différentes campagnes.

5. **Le moment d'envoi** : Il y a de bons et de mauvais moments pour envoyer des courriels. Si vous tenez compte des fuseaux horaires et des horaires de vos utilisateurs (professionnels ou personnels), vous pouvez identifier des façons d'améliorer le synchronisme de vos campagnes par courriel. Bien que des plateformes comme MailChimp ou Intercom proposent une programmation automatique et un ajustement des fuseaux horaires (en fonction des fuseaux horaires des utilisateurs), j'ai personnellement eu davantage de succès en envoyant des courriels à des heures fixes pendant la semaine. Mon heure de prédilection est 17 heures EST le lundi.

Afin de vous aider à vous lancer dans l'expérimentation, voici dix tests que vous pouvez mettre en place :

1. Utilisez une ligne d'objet tout en minuscules (par exemple « bonjour Jean »).
2. Programmez votre courriel immédiatement avant ou après l'arrivée de vos utilisateurs au travail.
3. Ajoutez des éléments de personnalisation à la ligne d'objet de votre courriel (par exemple « **Jean**, voici un courriel »).
4. Envoyez votre courriel *sans* ligne d'objet[45].
5. Envoyez le courriel à partir d'une adresse de courriel différente de votre adresse habituelle.
6. Changez le texte de l'aperçu du courriel, en veillant à ce que la personnalisation soit visible sans que le destinataire ait à ouvrir le courriel.
7. Envoyez le courriel depuis une adresse de courriel personnelle.
8. Utilisez des émojis de bon goût dans votre ligne d'objet ou dans le texte de l'aperçu afin d'attirer l'attention.
9. Ajoutez des chiffres ou formulez votre ligne d'objet sous forme de question.
10. Réutilisez une ligne d'objet qui a déjà fait ses preuves et voyez si cela améliore le taux d'ouverture.

Peu importe le test que vous désirez mettre en place, vous aurez besoin d'inspiration et d'un outil permettant de tester votre ligne d'objet.

Des outils comme Send Check It[46], SubjectLine.com[47] ou Coschedule[48] sont tous gratuits. Ils peuvent vous permettre de créer une boucle de rétroaction rapide lorsque vous cherchez à expérimenter avec des lignes d'objet.

Personnellement, j'utilise Send Check It. C'est l'outil qui, selon nous, dispose des données les plus précises[49]. Il s'intègre à Slack et est très facile à utiliser. Par exemple, si je lance une recherche sur « is this thing on ? », que nous avons utilisé pour le courriel de bienvenue d'Highlights, j'obtiens ce qui suit:

Send Check It

Email Subject Line Tester

How can you stand out in the inbox? Get more opens?
Compare it to 100,000+ other emails sent by marketers like you.

| is this thing on? | Test Subject Now |

❝ is this thing on?

A+

101 Points

Very solid subject line that should perform well for you.

SCANNABILITY

9/10

Has a scannability higher than 5

A measure of how easy-breezy it is to read your subject line. Don't shy away from using well known industry specific terms, just don't make it complicated.

🖥 Average: **5** (lower is better)

READING GRADE LEVEL

1st

Was written at a 1st grade level

Reading Grade Level is a mixture of word choice, complexity and length. Writing at a lower level tends to generate more opens.

🖥 Average: **7th Grade Level** (lower is better)

Figure 34.1 - Exemple de résultats avec Send Check It

Continuez à tester et à itérer. Lorsque vous serez en mesure d'obtenir de bons résultats de façon régulière, passez à l'optimisation du contenu.

35

Optimisation de la copie du courriel (offre, etc.)

Si vos courriels se font ouvrir et que certains utilisateurs y réagissent, et si vous avez la preuve que votre concept est pertinent, vous pouvez désormais améliorer les performances de vos courriels en optimisant leur contenu.

Selon le type d'appel à l'action (engagement, mise à niveau, etc.), il est possible que jusqu'à un sixième de vos utilisateurs cliquent, répondent ou interagissent avec vos courriels.

Pour obtenir ces résultats, il vous faudra améliorer les éléments suivants :

1. **L'offre** : L'offre est l'élément central de votre courriel. Sans une demande appropriée, votre courriel ne fonctionnera jamais. Identifiez l'objectif de ce courriel et testez des variations. *20 % de réduction ? 15 % de réduction ? Une réduction de 10 % ?* Assurez-vous que l'offre soit appropriée et qu'elle tombe à point nommé au sein du parcours client de vos utilisateurs. Vous pouvez pré-tester le texte de votre offre avec l'application Hemingway[50] ou avec Boomerang pour Gmail[51].
2. **Le gabarit** : Le gabarit de votre courriel contribue à créer la première impression auprès de votre utilisateur. Si votre gabarit contient de

nombreuses images et ne donne pas de bons résultats, essayez un format plus personnel. *Vos courriels sont courts, mais ne répondent pas aux attentes ?* Essayez un texte plus long. Si vos courriels en texte brut ne sont pas performants, modifiez la mise en page. Vous pouvez pré-tester vos gabarits avec HTML Email Check[52] gratuitement, ou avec Litmus[53], PutsMail[54] ou Email on Acid[55] si vous avez du budget.

3. **Les salutations** : Les salutations telles que « Salut Sandra » constituent le niveau minimum de personnalisation que vos campagnes devraient respecter. Les salutations permettent de capter l'attention des lecteurs et de créer une base de connexion. Vous pouvez ajouter d'autres éléments de personnalisation (ville, entreprise, cas d'utilisation avec le produit, etc.), mais au-delà d'un certain seuil, la personnalisation offre un rendement décroissant[56], alors n'en abusez pas.

4. **L'accroche** : L'accroche est le premier paragraphe de votre courriel. Il s'agit du texte d'introduction qui convainc vos utilisateurs de lire le courriel. Si votre offre, votre gabarit et vos salutations sont de qualité, l'accroche est votre meilleur outil pour augmenter le taux de clics. L'accroche n'a pas besoin d'être compliquée. Parfois, des courriels courts donnent de très bons résultats.

5. **Le CTA** : Avant de me lancer dans l'optimisation hebdomadaire des courriels, je pensais que les liens et boutons avaient une grande influence sur le taux de clics. Il s'avère que les CTA sont utiles, mais qu'ils n'ont pas un impact majeur sur les performances des courriels. Si l'offre est convaincante et que vos utilisateurs sont intéressés, le libellé du bouton ou sa couleur importe peu. Il faut d'abord se concentrer à susciter le bon comportement.

6. **Le ton** : Lorsque vos courriels commencent à être performants, vous pouvez expérimenter avec le ton de votre texte. Votre public cible peut réagir positivement à un ton plus direct, plus vendeur ou plus décontracté. Ce type d'optimisation est davantage de l'ordre du macro-niveau.

Vous pouvez vous lancer dans l'optimisation avec l'une des expériences suivantes :

1. Testez des liens de type texte ou de type bouton.
2. Ajoutez un appel à l'action au début de votre courriel.
3. Répétez l'appel à l'action tout au long de votre courriel.
4. Ajoutez un P.S. à votre courriel.
5. Changez le gabarit du courriel. Simplifiez. Donnez-lui un aspect plus personnel.
6. Testez différentes versions de l'accroche de votre courriel afin d'attirer les lecteurs.
7. Essayez un courriel en format texte brut.
8. Ajoutez (ou supprimez) les images.
9. Utilisez des listes à puces pour résumer l'offre, faites un résumé du contenu du courriel ou utilisez la formule « tl;dr »[57].
10. Ajoutez des éléments de personnalisation dans le corps de votre courriel.

Il y a beaucoup de choses que vous pouvez essayer.

Les clics ne suffisent généralement pas pour évaluer les performances d'un courriel. Pour bien comprendre ce qui se produit lorsqu'un utilisateur interagit avec vos courriels, vous devez suivre les performances sur votre site Web ou dans votre produit.

Il est important de savoir si vos utilisateurs effectuent les actions que vous souhaitez (achat, utilisation, lecture du contenu, etc.) ou s'ils quittent rapidement votre site.

Optimisez en fonction des actions effectuées par les utilisateurs de votre produit, et pas seulement des clics. Parfois, un taux de clics plus bas avec un plus grand nombre d'objectifs atteints est préférable. L'optimisation peut être un peu complexe, alors examinez également les profils des utilisateurs qui convertissent et de ceux qui ne convertissent pas afin de déterminer si le comportement est bien celui que vous souhaitez.

Dans le prochain chapitre, nous verrons comment influencer les comportements sur les pages de votre site. Poursuivez l'optimisation !

36

Optimisation des pages de destination (objectif de la page, etc.)

Vous pouvez passer beaucoup de temps à optimiser vos courriels et vos communications, mais si les pages complémentaires, c'est-à-dire les pages vers lesquelles vous dirigez les utilisateurs de votre produit ou de votre site, ne sont pas performantes, vous perdrez votre temps et votre énergie.

À cette fin, il est souvent préférable de s'assurer que les pages de destination, les processus de conversion ou les interfaces de votre produit sont performants avant de leur envoyer du trafic par le biais de vos courriels. Une règle à cet égard consiste à *toujours* diriger les utilisateurs vers le parcours le plus efficace pour réaliser l'objectif de votre courriel.

Par exemple, les courriels d'onboarding de MailChimp mènent directement aux états de produits avec des informations préremplies. Cela permet de réduire considérablement la charge de travail des utilisateurs.

Chez LANDR, nous avions l'habitude de diriger les utilisateurs directement vers la page de paiement avec, le cas échéant, un code de réduction prérempli. Cette approche était plus efficace que de les diriger vers la page de tarification ou vers toute autre page de l'entonnoir de conversion.

Ce que vous cherchez donc à déterminer est le pourcentage d'utilisateurs qui atteignent l'objectif fixé lorsqu'ils arrivent sur la page (ou l'état) tous canaux de distribution confondus. Il faut ensuite comparer ce pourcentage avec le pourcentage par canal (par exemple en comparant le courriel aux autres canaux).

Si les performances par courriel sont conformes à votre point de référence, vous pouvez diriger le trafic vers cette page avec vos courriels sans problème.

Une fois que vous avez un point de repère pour les performances de votre page, il est temps de commencer à l'optimiser.

La première chose dont vous devez vous assurer est que votre page est facilement accessible ; vous ne pouvez pas réaliser de ventes si votre boutique n'est pas ouverte ! Perdre des ventes lorsque votre site est hors ligne ou lorsque d'autres problèmes techniques bloquent les ventes est vraiment frustrant.

Voici quelques éléments à surveiller :

1. **La vitesse de chargement des pages** : Les internautes sont de plus en plus impatients avec la technologie. Vous risquez de perdre vos visiteurs si votre application ne se télécharge pas dans les deux ou trois premières secondes. Vous pouvez utiliser PageSpeed Insights[58] 1.pour analyser les performances de votre site et optimiser la vitesse des pages. Vous devez examiner le poids de la page, le poids des images, le nombre de requêtes envoyées et les éléments de la page qui sont sauvegardés ou mis en cache par le navigateur. Examinez-les par rapport à différents segments et emplacements de par le monde.

2. **Disponibilité mobile** : Depuis 2016[59], la navigation portable a supplanté celle effectuée à partir d'un ordinateur fixe. Désormais, une majorité de visiteurs s'attendent à ce que vos pages soient optimisées pour les téléphones portables. Les pages mobiles accélérées (AMP) vont rendre

cet aspect encore plus important à l'avenir. Assurez-vous que votre site web s'affiche bien sur portable pour éviter de perdre des utilisateurs et d'engendrer de la frustration.

3. **Facteurs de confiance** : Votre site et votre produit doivent susciter la confiance afin de pouvoir retenir les utilisateurs et les visiteurs. Nous avons tous eu de mauvaises surprises en accédant à des sites web aux URL douteuses, ou à des sites demandant de soumettre des informations ou des paiements sans cryptage SSL (https://... vs http://...). Pour 15 à 20 dollars par an, et le prix d'un bon nom de domaine .com, vous pouvez éviter tous ces problèmes[60].

Aucun problème jusqu'à présent ? Portez votre attention sur le contenu principal de vos pages.

Il est impossible d'entrer dans les détails des flux de pages d'applications, car ils varient en fonction de votre produit, mais ce qui suit peut s'appliquer aux pages de destination de votre site, aux pages de tarification et aux flux de conversion :

1. **L'offre** : L'une des règles fondamentales de l'optimisation des pages est que le contenu de la page doit correspondre à l'objectif de la visite. Dans ce cas-ci, le contenu est clair : il s'agit de votre courriel. Si l'expérience est incohérente, ou si la page de destination contient plusieurs offres ou des chemins divergents, le taux de conversion chutera. Faites correspondre l'appel à l'action avec ce que les visiteurs recherchent. Envisagez d'utiliser les mots de votre courriel sur la page si vous savez que votre courriel est efficace.

2. **Le titre principal** : Le titre principal de la page ou H1 doit être clair et concis. Assurez-vous qu'il contient les mots-clefs appropriés. Vous pouvez tester différentes combinaisons de mots-clefs, de longueurs ou de styles pour attirer l'attention. Les tests utilisateurs ou des outils comme le Five Second Test[61] peuvent vous aider à comprendre les premières réactions et la compréhension de vos visiteurs.

3. **L'accroche** : L'accroche est le premier paragraphe du texte de votre page. Il est généralement préférable de le positionner près du titre. Il doit inclure les principaux bénéfices ou une description claire. Vous pouvez tester différents bénéfices afin de faire en sorte que les utilisateurs restent dans votre application ou sur la page plus longtemps.

4. **L'image/vidéo** : Les images (ou vidéos) de soutien aident à créer une réponse émotionnelle chez vos visiteurs. Testez différentes images, vidéos ou captures d'écran en essayant d'établir un lien avec le segment spécifique ou la démographie des utilisateurs visés. Les vidéos aident parfois à améliorer la conversion, mais elles sont plus difficiles à produire. Vous pouvez utiliser des outils de carte thermique comme Hotjar[62] ou Crazy Egg[63] pour identifier les principaux éléments qui attirent l'attention de vos utilisateurs.

5. **La preuve sociale** : Les photos de clients, les témoignages, les logos et les commentaires recueillis sur les réseaux sociaux peuvent tous inciter à la conversion. Essayez différents messages en rapport avec le contenu de votre page et essayez différents positionnements sur la page.

6. **Les facteurs de confiance** : Outre une bonne URL et le cryptage SSL, les icônes de confiance (PayPal, VeriSign Trusted, etc.), les numéros de téléphone, la messagerie instantanée en direct, les garanties, les foires aux questions (FAQ) et les politiques de confidentialité bien visibles peuvent également contribuer à améliorer votre taux de conversion. Vos utilisateurs cherchent à être rassurés. Ajoutez progressivement des facteurs de confiance et évaluez leur impact sur la conversion.

7. **La mise en page** : Une mise en page propre, avec une structure efficace, contribuera à améliorer votre taux de conversion. Éliminez les éléments de page inutiles et expérimentez avec le flux de la page (forme longue vs forme courte). Essayez d'utiliser des listes de puces ou de transformer votre texte en histoire.

8. **Le bouton CTA** : De nombreux tests ont été effectués sur les CTA. Bien que les boutons et les liens aient un impact sur la conversion, obtenir plus de clics de mauvais visiteurs est inutile. Si vos visiteurs passent du temps sur votre page et lisent votre contenu sans cliquer, vous pouvez

tester des boutons d'appel à l'action plus grands, des liens textuels, des couleurs de boutons différentes (complémentaires ou contrastées, des couleurs positives ou négatives) ou la répétition des boutons (par exemple un bouton par écran ou des boutons qui suivent le défilement de l'écran).

9. **Le texte d'accompagnement** : Différents types d'utilisateurs consommeront le texte de votre page à différents rythmes. Ils prendront également des décisions de façons différentes. Testez différents arguments de vente, essayez différentes preuves de bénéfices (études de cas, quantification des bénéfices, etc.), et réduisez le niveau de lecture de votre texte à un niveau 5 ou 6. Vous pouvez utiliser les tests de lecture de Flesch-Kincaid[64] pour mesurer l'effort nécessaire à la lecture de vos textes.

Certains de ces éléments ne seront pas pertinents. Cela dépendra du type de page. Une page de produit, par exemple, peut avoir un contenu minimal. S'il s'agit d'une page de destination principale, il peut être intéressant de créer une page adaptée à votre entonnoir de courriel. Généralement, une page à usage général ne sera pas aussi performante qu'une page de destination adaptée.

Si votre page a un formulaire, considérez :

1. **La longueur du formulaire** : Expérimentez avec le nombre de champs de votre formulaire, ou avec l'inscription Facebook, Twitter, LinkedIn ou Google pour augmenter votre taux de conversion. Ne demandez pas d'informations dont vous n'avez pas absolument besoin.

2. **Le type de formulaire** : Vous pouvez expérimenter avec des formulaires intégrés à la page et des formulaires dans une fenêtre contextuelle, et faire le suivi de la complétion du formulaire avec Google Analytics. Il peut être utile de capturer l'adresse courriel au moment de la saisie afin de pouvoir relancer les visiteurs s'ils ne complètent pas le formulaire.

3. **Les libellés de champs** : Pour les formulaires, en particulier ceux

qui sont longs, les tests sur les libellés de champ peuvent générer de bons résultats. Dans une recherche influente effectuée à l'aide d'un oculomètre, CX Partners a démontré que certains formats de formulaires étaient plus efficaces que d'autres[65]. Essayez de positionner les libellés de champ au-dessus des champs, de tester les libellés de champ en caractères gras ou de rendre les libellés encore plus faciles à balayer.

4. **Le bouton** : Le bouton du formulaire est généralement un élément secondaire lorsque les renseignements ont déjà été saisis. Là encore, tester différentes couleurs, formes ou libellés peut avoir un impact sur la conversion.

Comprenez le contexte créé par votre courriel et adaptez les communications et les actions à ce contexte spécifique.

Trouvez les points de rupture, optimisez en modifiant un élément à la fois, et continuez à expérimenter.

Lorsque vous obtenez de bons résultats, passez à l'étape suivante.

37

Segmentation des courriels performants

Il existe deux façons d'améliorer les performances d'une campagne de courriel automatisée :

1. en optimisant le moment d'envoi, la livrabilité, le contenu et le taux d'ouverture du courriel, ce que nous avons traité au cours des chapitres précédents ; et
2. en le re-segmentant dans le but de créer des offres ciblées pour chaque sous-segment.

Dans ce chapitre, nous allons discuter de cette dernière approche.

Si, après toutes les optimisations précédentes, l'un de vos courriels principaux – courriel de bienvenue, d'upgrade ou autre – obtient des résultats optimaux, vous pouvez le re-segmenter, en le divisant en différents courriels afin d'améliorer encore davantage les résultats.

En envoyant des courriels plus ciblés :

- les bénéfices deviennent plus clairs et plus spécifiques à chaque segment ;
- les visuels deviennent plus efficaces ;

- le message devient plus personnel et plus engageant.

En somme, cela contribue à créer une meilleure expérience pour vos utilisateurs et à augmenter les conversions.

Alors, *quels segments utiliser ?*

Comme nous l'avons vu au chapitre n°9, il existe quatre façons principales de segmenter les utilisateurs :

- par persona d'utilisateur ou d'acheteur ;
- à l'aide de données implicites ;
- à l'aide de données explicites ;
- à l'aide d'un modèle comportemental.

Quelle que soit l'approche choisie, il est important de s'en tenir à un seul modèle de segmentation pour l'ensemble de votre programme d'email marketing. Cela vous permettra d'éviter les chevauchements, c'est-à-dire l'envoi de différentes versions du même courriel aux mêmes utilisateurs.

Bien que nous avions accès à des tonnes de données explicites, implicites et comportementales chez LANDR, nous avons surtout fait appel à des personas explicites pour le ciblage (chanteurs, podcasteurs, vidéastes, etc.). Grâce à la re-segmentation, nous avons réussi à obtenir un taux d'ouverture de 78 % et un taux de clic de près de 25 % pour un courriel clef de réengagement. Cela signifie, pour un segment spécifique, qu'une personne sur quatre cliquait sur un lien dans le courriel afin d'accéder à notre produit. Il s'agissait également d'une amélioration de 25 % par rapport au taux d'ouverture de la version du courriel non segmentée.

Si vous comprenez les problèmes, les bénéfices et la réalité des utilisateurs dans vos segments, vous pouvez adapter votre message à leurs besoins spécifiques en vous concentrant sur les points suivants :

- la ligne d'objet ;
- le texte de l'aperçu ;
- l'offre ;
- les bénéfices spécifiques et leurs descriptifs ;
- les témoignages et la preuve sociale ;
- les images ou les éléments visuels.

De manière générale, il est préférable d'utiliser les mots exacts que les membres de vos segments utilisent afin de décrire leurs préoccupations et leurs problèmes. Si vous ne savez pas quels sont ces mots, vous pouvez utiliser les segments que vous avez définis afin de recruter des utilisateurs pour des entrevues et de les découvrir (chapitre n°8).

À moins que 100 % de vos utilisateurs ne soient couverts par votre segmentation, vous aurez besoin d'un courriel de repli. Lorsqu'un utilisateur ne correspond à aucun de vos segments, vous pouvez lui faire parvenir le contrôle, c'est-à-dire le courriel original non segmenté.

Afin d'éviter une baisse de performance si l'un de vos courriels segmentés ne fonctionne pas, il est préférable de ne déployer les campagnes de courriel segmentées que sur un sous-groupe de votre audience (20 à 30 % au maximum). Cela vous permettra de tester et de comparer les performances de la campagne segmentée à celles du groupe de contrôle.

Au fur et à mesure que vous optimisez vos courriels segmentés, vous pourrez augmenter graduellement de 30 % à 50 %, puis à 80 % et finalement à 100 % de vos utilisateurs.

Étant donné que la re-segmentation augmente la complexité de l'optimisation et de la gestion de votre programme de courriels, elle ne doit être envisagée que pour les courriels clefs dont les performances sont régulières et éprouvées (par exemple un courriel important de bienvenue, d'onboarding ou d'upgrade).

Vous devez prendre en compte à la fois le temps nécessaire à la création des campagnes et des contenus, et le coût futur de la gestion d'un programme de courriel plus complexe.

Chez LANDR, nous envoyions plus de 300 courriels différents en quatre langues. En plus de ces courriels, il y avait des discussions pour l'ajout de deux ou trois langues supplémentaires. Cela signifie qu'il pouvait y avoir jusqu'à sept versions actives de chaque courriel. L'ajout de nouveaux courriels aux séquences de base multipliait le travail en aval pour l'équipe.

Il faut donc y réfléchir lorsqu'on désire optimiser par le biais de la re-segmentation.

Dans le prochain chapitre, nous parlerons des processus impliqués dans l'optimisation de votre programme de courriel.

38

Processus, structure d'équipe et compétences recommandées

Voici ce qui arrive avec la plupart des processus d'optimisation de courriels :

- Ils débutent avec de bonnes intentions.
- Des personnes y sont assignées et des procédures sont établies.
- Puis, quelques semaines ou quelques mois plus tard, de nouveaux projets font dérailler les procédures.
- Soudainement, il est de plus en plus difficile de suivre les progrès réalisés et de reprendre le travail.
- Finalement, le processus est abandonné.

Pour obtenir de vrais résultats avec l'optimisation des courriels, il faut le faire de façon constante. Afin de s'assurer de pouvoir y arriver, il vous faut de bonnes procédures, un sentiment d'appartenance et de bons résultats.

Voici quelques questions à se poser au préalable :

- *Qui sera responsable du processus ?*
- *Quelles sont les compétences requises ?* En général, un rédacteur et un analyste suffisent, ou peut-être même une seule personne si celle-ci

peut tout faire.

- *Quel sera le cycle d'évaluation ? Hebdomadaire ? Bi-hebdomadaire ? Mensuel ?* C'est un marathon, et non un sprint. Visez le progrès constant.
- *Comment les progrès en matière de performance seront-ils communiqués ?* Il s'agit d'un processus destiné à générer un retour sur investissement. Tous les responsables doivent le comprendre afin d'éviter que d'autres obligations ne viennent entraver le processus.

Il existe trois états pour les courriels dont vous voudrez assurer le suivi :

1. **Optimisations hebdomadaires** : courriels qui ont besoin d'être améliorés ;
2. **Actuellement en cours de test** : expérimentations en cours d'évaluation ;
3. **Ne mérite pas d'être testé** : communications que vous n'avez pas besoin de surveiller chaque semaine, mais que vous désirez tout de même garder à l'œil.

Vous devez vous assurer de bien comprendre dans quelle catégorie se situent tous les courriels de votre programme de communication.

Vous allez également devoir organiser deux réunions récurrentes :

1. Un moment permettant à un analyste d'évaluer les différents tests, les performances actuelles, et de prioriser les optimisations à effectuer en fonction de leur impact potentiel. Cette tâche est généralement plus facile à réaliser les lundis ou les vendredis.
2. Un moment pour travailler sur les contenus et les améliorations.

Séparer ces réunions donne à tous l'opportunité de réfléchir aux problématiques individuellement. Essayer de tout comprimer en une seule rencontre risque de faire dérailler votre réunion, surtout s'il est difficile d'obtenir rapidement des résultats de tests de votre plateforme d'email marketing.

Il est préférable de planifier votre réunion d'optimisation à un moment où la productivité créative est à son maximum – dans la matinée pour beaucoup de gens – et à l'écart des autres réunions et des retards.

Invitez le plus petit nombre de participants possible ; un plus grand nombre de personnes a tendance à créer un environnement plus dérangeant.

Tenez-vous-en à un plan. Par exemple, « Nous optimisons ces dix choses et ensuite nous avons terminé ».

Lors de ces réunions, il est souhaitable que la personne qui rédige vos courriels et, probablement, une autre personne plus au fait des données et de la plateforme courriel soient présentes afin de créer un cycle de rétroaction.

Effectuez les changements pendant la réunion puis passez à un autre appel.

Faites preuve d'imagination et de créativité. Utilisez des sites comme Really Good Emails et les courriels que vous avez reçus à titre d'inspiration. Gardez un œil sur des idées futures.

Étant donné que ces rencontres vont créer beaucoup d'apprentissages pour votre organisation, c'est une bonne idée de prendre note des tests effectués (concepts, lignes d'objet, bons contenus et CTA).

Ces éléments peuvent être utiles pour vous inspirer et parfois pour réutiliser les lignes d'objet qui ont fonctionné même si le courriel n'a pas fonctionné ; parfois ces mêmes lignes peuvent être réutilisées dans de nouveaux contextes.

Au fur et à mesure de votre progression, communiquez les résultats et les améliorations à l'équipe de direction. Cela permettra de clarifier le retour sur investissement et de s'assurer que les ressources demeurent disponibles. Ces réunions *devraient* générer un important retour sur investissement pour votre entreprise. Si ce n'est pas le cas, retournez à la planche à dessin et retravaillez vos procédures.

Avec les bons talents, vous devriez éventuellement être en mesure de grandement améliorer l'efficacité de vos processus.

V

Conclusion

39

Conclusion

Il y a quelque chose d'effrayant dans le fait de se lancer dans le marketing par courriel.

Avant l'envoi de votre première campagne, votre liste de diffusion n'est que cela, une liste de diffusion. Elle est pure. Il n'y a pas de désabonnements. Personne ne réagit négativement à ce que vous ou votre équipe avez écrit.

Peut-être que ça fait du bien, mais les adresses de courriel que vous ne contactez pas ne vous font pas gagner d'argent.

Voici donc comment surmonter cette gêne :

Vous avez peur de dire la mauvaise chose ?

Commencez petit à petit. Testez vos messages sur un petit segment. Découvrez le ton à utiliser avant de multiplier les initiatives.

Vous avez peur de « brûler » votre liste ?

De combien de mauvais courriels vous souvenez-vous réellement ? Vous recevrez *peut-être* des réactions négatives, mais vous ne brûlerez jamais toute votre liste. Ne vous méprenez pas !

Vous n'êtes pas certain ?

Commencez prudemment et ne vous montrez pas trop insistant jusqu'à ce que vous vous sentiez assez à l'aise pour l'être davantage.

Vous avez peur de spammer vos utilisateurs ?

Il n'y a pas de relation claire entre le nombre de courriels envoyés par une marque et le nombre de désabonnements qu'elle subit.

Pinterest et Product Hunt envoient tous deux des campagnes quotidien-nement. Pourtant, ce sont deux marques que les gens aiment.

Les gens ne se désabonnent pas parce qu'ils reçoivent trop de courriels. Ils se désabonnent quand ils reçoivent trop de courriels *indésirables*. Tant que vos courriels sont pertinents, vous pouvez envoyer un nombre supérieur de courriels à celui qui vous semble approprié.

Vous avez peur que vos courriels ne performent pas ?

Envoyez-les plus rapidement. Tester est le meilleur moyen de savoir si vos contenus ou vos concepts fonctionneront. En réalité, sans contact avec vos utilisateurs, votre liste se consume *déjà*.

Nous avons tous reçu des courriels de sites ou de services auxquels nous nous sommes inscrits il y a longtemps, mais qui viennent tout juste de se lancer dans le marketing par courriel. Quelle est notre réaction dans ces cas-là ?

Surprise ? Confusion ? Désabonnement ? Pire ? Ne soyez pas cette entreprise.

En matière de courriel, faire est mieux que parfaire.

Vous ne réussirez que si vous êtes capable de supporter des courriels temporairement imparfaits.

Le meilleur moment pour commencer avec le marketing par courriel aurait été hier, mais si vous vous y mettez aujourd'hui, vous serez en mesure d'obtenir des résultats prévisibles dans un avenir rapproché.

Allez-y !

VI

Analyses Immersives

40

Séquences de courriel à froid

Les courriels à froid ont mauvaise réputation et il est facile de deviner pourquoi.

Nous avons tous reçu des courriels génériques avec peu ou pas de personnalisation, contenant trop de liens qui sollicitent des actions sans intérêt.

Mais la vérité est que, lorsque les courriels à froid sont bien utilisés, ils peuvent être un excellent outil d'acquisition de nouveaux clients en SaaS.

Le problème est que beaucoup d'entreprises pensent que l'essence des courriels à froid est d'envoyer des courriels (beaucoup de courriels), alors que ceux-ci sont plutôt une question de recherche : comprendre précisément les clients potentiels, les trouver, puis leur présenter votre produit.

Depuis que des entreprises comme Salesforce[66], Zenefits[67] et Birchbox[68] ont démontré que les courriels à froid peuvent contribuer à la création d'entreprises valant plusieurs milliards de dollars ; les marques de toutes sortes se sont tournées vers les courriels à froid afin d'acquérir des clients.

C'est plutôt logique. Après tout, chaque individu passe entre 1 à 10 heures par jour dans sa boîte de réception. Grâce aux téléphones portables, les courriels peuvent être consultés partout en déplacement. De plus, nous avons tous besoin de solutions à nos deux ou trois plus gros problèmes. *Bien utilisés*, les courriels à froid peuvent permettre de joindre les bonnes personnes au bon moment avec la bonne offre.

Les mots clefs ici sont "bien utilisés". Avec des milliers de fournisseurs de SaaS à travers le monde qui dépendent du courriel à froid pour leur croissance, vos courriels doivent se démarquer afin de capter l'attention de vos clients potentiels.

Alors, *quand utiliser les courriels à froid ?*

J'ai utilisé des courriels à froid pour obtenir des entrevues avec des clients, recruter des employés, inviter des personnes pour des podcasts et générer des ventes. Les courriels à froid peuvent vous aider à atteindre plusieurs objectifs commerciaux.

Dans le domaine du SaaS, l'objectif des courriels à froid est de susciter des conversations ou des rencontres avec des clients potentiels. Les courriels à froid sont un meilleur moyen de démarrer des discussions que de conclure des ventes.

En raison des coûts liés à la recherche, à la création de scripts de courriel et au suivi auprès des clients potentiels, il est plus facile de rentabiliser le courriel à froid en B2B ou pour la promotion d'articles B2C à coût élevé comme des plans d'assurances ou des services financiers.

1. Configuration de votre boîte de réception

La première règle du courriel à froid est de ne jamais envoyer de courriel depuis votre boîte de courriel professionnelle.

Gmail, par exemple, a amélioré ses algorithmes afin de réduire le nombre de courriels à froid indésirables. Si votre compte est signalé trop fréquemment, votre adresse courriel, ou pire, votre domaine, pourrait être mis sur liste noire. Si cela se produit, la partie est terminée. Croyez-moi, se remettre d'un compte courriel sur liste noire est plutôt pénible !

Pour commencer, achetez un nouveau nom de domaine. Pensez à acquérir un domaine très similaire à l'URL de votre entreprise, peut-être simplement avec une extension de domaine différente.

Puis configurez votre boîte de réception :

1. Renseignez votre profil et complétez-le avec votre adresse postale.
2. Ajoutez une photo de profil.
3. Créez une signature de courriel qui comprend votre adresse complète.
4. Inscrivez-vous à plus de 20 infolettres afin de commencer à recevoir des courriels dans votre boîte de réception.
5. Envoyez des courriels à plus de 10 amis (pas des collègues). Assurez-vous qu'ils répondent à vos courriels.

Votre boîte de réception doit avoir l'air aussi réelle que possible aux yeux de Google et des autres fournisseurs de courriel. Commencez lentement. N'envoyez pas plus de 50 courriels par jour.

2. Recherche d'adresses de courriel

Pour être efficaces, vos courriels à froid doivent être pertinents et la pertinence est une combinaison de qui et de quoi.

À ce stade, vous devriez savoir qui achète généralement votre produit au sein des entreprises : *S'agit-il des chefs de produit ? Des ingénieurs ? Des directeurs financiers ? Un autre rôle peut-être ?*

À moins que vous ayez appris autrement, il est généralement préférable de viser directement les personnes qui achètent votre produit. Ce sont elles qui seront les plus susceptibles d'en percevoir la valeur.

Si vous n'êtes pas certain de savoir qui viser, sachez que les fondateurs sont généralement les meilleurs interlocuteurs pour les entreprises de moins de 100 employés, tandis que les cadres supérieurs concernés représentent les meilleurs points d'entrée pour les organisations de 100 à 250 employés[69].

Il existe de nombreuses façons de trouver des clients potentiels sur internet. Vous pouvez utiliser LinkedIn, LinkedIn Sales Navigator, des répertoires d'associations professionnelles ou tout autre endroit de rassemblement des prospects pour dresser vos listes de clients potentiels. Une fois que vous avez une liste de plus de 50 noms, entreprises et autres informations pertinentes, des outils comme Hunter[70], ZoomInfo[71], Voila Norbert[72] ou Clearbit Connect[73] vous permettront de trouver rapidement les adresses courriel de vos clients potentiels.

Personnellement, j'utilise Clearbit Connect. Il s'agit d'une extension de navigateur qui se connecte à Gmail. Elle vous donne 100 crédits gratuits par mois et sa précision est de 97 % selon une étude réalisée par YesWare[74]. Pour l'utiliser, il suffit de taper le nom de domaine d'une organisation, de rechercher le nom de la personne recherchée et de copier son adresse courriel.

3. La recherche sur les clients potentiels

Une différence majeure entre les courriels à froid et les courriels envoyés à vos abonnés ou utilisateurs est le fait que les destinataires de courriels à froid disposeront de peu ou d'aucun contexte sur votre entreprise. Ils ne se sont pas inscrits sur vos listes, ils ne vous connaissent pas et n'ont peut-être jamais entendu parler de votre entreprise.

Il est donc important d'établir un rapport avec eux pour les amener à, au moins, considérer le contenu de votre courriel.

La personnalisation est l'un des outils qui peut vous permettre d'y parvenir.

Pour que vos campagnes réussissent, vous devez prendre le temps de faire des recherches sur vos clients potentiels, un par un. Vous ne pouvez pas sauter cette étape, c'est ce qui distingue vos courriels de ceux des spammeurs.

Au minimum, vos courriels doivent inclure :

- le prénom du/de la destinataire ; et
- une introduction personnalisée.

Rendre votre personnalisation visible depuis la boîte de réception contribuera à augmenter le taux d'ouverture de vos courriels.

Suleyman Dolaev • **Vidéo explicative animée** - Bonjour Etienne, J'espère que tout va bien. J'ai atterri sur votre site web et ça m'a intrigué de vous contacter

Figure 40.1 – Personnalisation visible depuis la boîte de réception

L'introduction peut être toute chose qui aide à établir un rapport avec le client potentiel. C'est une façon de démontrer que vous avez fait vos recherches et de débuter une conversation.

Voici quelques éléments qui peuvent faire de bonnes introductions, classés du plus au moins efficace :

1. **Une réussite personnelle** : une promotion, un prix, une réussite ;
2. **Les actualités de l'entreprise** : concernant la personne elle-même, son service ou une réalisation importante de l'entreprise, comme une levée de fonds ;
3. **Une expérience, une relation, un passe-temps ou un intérêt commun** : idéalement, quelque chose qui va au-delà du travail ;
4. **Des publications récentes** : sur LinkedIn, Medium ou sur leur blogue

personnel ;

5. **Des réalisations de l'entreprise** : évaluations 5 étoiles, avis, publications, etc. ;
6. **Des mises à jour récentes sur LinkedIn ou Twitter.**

Il est recommandé de modifier un minimum de 20 % du contenu du courriel d'un client potentiel à l'autre.

Il est possible d'ajouter davantage de personnalisation, mais il ne faut pas exagérer. Au-delà d'un certain point, ajouter davantage de personnalisation n'augmente plus le taux de réponse[75]. Pire encore, il se peut que cela crée un sentiment d'insécurité auprès de vos clients potentiels.

4. Rédaction du courriel à froid

Une rédaction réussie de votre message est déterminante pour votre taux de réponse.

Comme nous l'avons déjà mentionné, à ce stade les clients potentiels ne sont pas familiers avec le contexte de votre entreprise. Vous ne pouvez donc pas présumer qu'ils s'intéressent à votre entreprise ou vos produits.

Votre courriel doit être court – idéalement moins de cinq phrases. Le ton doit être décontracté. Vous êtes simplement une personne normale qui essaie d'aider une autre personne en lui présentant un excellent produit.

Évitez les « je » et « nous ». Utilisez davantage de « vous » ou « tu ». N'utilisez pas d'acronymes, de listes à puces ou de noms de sociétés complets (par exemple Stripe Ltd.).

Les courriels à froid qui obtiennent des réponses sont ceux qui donnent l'impression d'être naturels et personnels. Ils sont courts et précis.

Faites en sorte qu'il soit facile de répondre à vos courriels.

Au lieu de demander directement un rendez-vous, essayez de faire des appels directs à l'action comme :

- « Est-ce une priorité pour vous ce trimestre ? » ;
- « Êtes-vous la meilleure personne à qui parler de ce sujet ? » ;
- « Vaut-il la peine d'en discuter ? ».

Voici quelques lignes d'objet que vous pouvez essayer :

- [Sujet général] ;
- [Nom de la société] et [Nom de la société] ;
- Question rapide ;
- Bonjour de [Prénom] ;
- [Compliment].

Voici un exemple de script que vous pouvez utiliser :

Croissance internationale

Bonjour [Prénom],

[J'ai apprécié votre série en deux parties sur la fidélisation des employés. J'avais essayé de trouver un emploi avec des startups à Hong Kong lorsque j'y vivais et je sais que ce n'est pas facile].

Je suis responsable de la croissance chez [Votre entreprise] – notre produit aide les entreprises à trouver des clients potentiels à l'international. Avec notre produit, vous pourriez trouver des contacts très ciblés dans des entreprises qui seraient intéressées par [Entreprise].

[Votre entreprise] aide à la recherche de clients, la prise de rendez-vous et la vente.

Seraitt-il intéressant d'en discuter ?

Tenez-moi au courant, merci.

[Votre prénom]

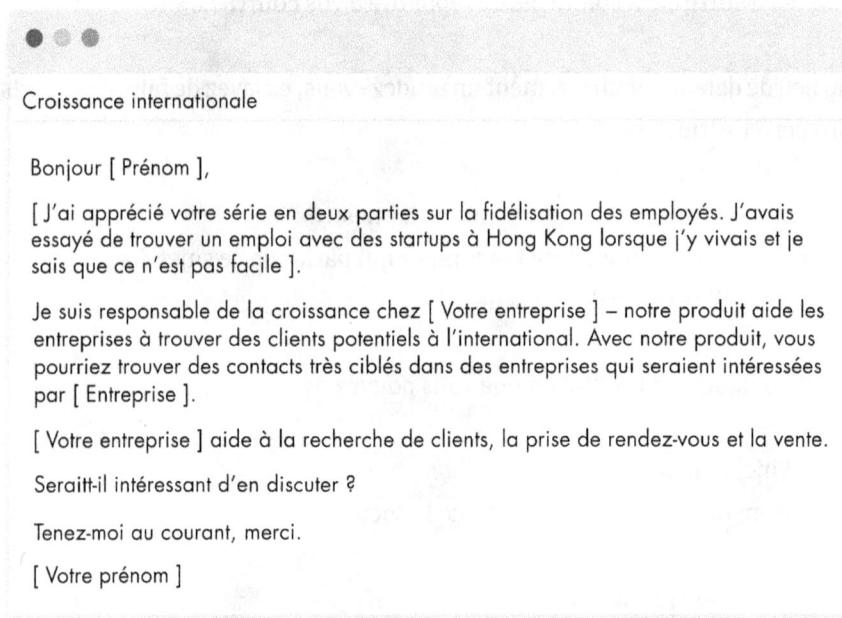

Figure 40.2 – Exemple de courriel à froid

N'hésitez pas à adapter le script de ce courriel ou à vous en inspirer.

Notez que si vous ciblez des entreprises européennes, vous devez inclure un lien de désabonnement dans vos courriels à froid.

5. Envoi/Test de vos courriels à froid

Lorsque votre liste de clients potentiels et votre message sont prêts, vous pouvez débuter l'envoi des courriels.

Vous pourriez décider d'envoyer tous les courriels manuellement (beaucoup de travail à faible valeur ajoutée), mais il est préférable d'utiliser une plateforme de courriel à froid comme Mailshake[76], YesWare[77] ou Streak[78]. Ces outils vous permettront notamment d'envoyer de véritables courriels en texte brut, de gérer vos contacts et campagnes, et de suivre les performances des courriels et de vos tests A/B.

Personnellement, j'utilise Streak[79]. Streak est un outil de gestion de la relation client (CRM) qui s'intègre à Gmail. Il vous permet d'envoyer des courriels personnalisés en masse, de gérer des pipelines, de faire le suivi des réponses, d'envoyer des relances et de planifier l'envoi de courriels directement depuis votre boîte de réception. De plus, il est parfaitement compatible avec Google Sheets.

Comme pour toute autre campagne de courriels, il est conseillé d'effectuer des tests avant l'envoi. Vous pouvez consulter le chapitre n°25 pour un bon processus de pré-tests de vos courriels.

Planifiez soigneusement l'envoi de vos courriels. Posez-vous la question suivante : *Où se situent nos clients potentiels ? À quelle heure se lèvent-ils ? À quelle heure vont-ils au travail ? Quand peuvent-ils avoir le temps de lire nos courriels ?*

Débutez tranquillement. N'envoyez pas trop de courriels (il vous faut prévoir du temps pour répondre). Envoyez des séries de dix courriels afin de pouvoir tester différentes lignes d'objet avant d'accélérer l'envoi.

Les PDG et de nombreux dirigeants d'entreprise passent leur vie dans leur boîte de réception. Si vous ciblez ces personnes, vous pourrez très probablement obtenir la plupart de vos résultats de campagne en un jour ou deux.

Le premier courriel de votre séquence doit avoir un taux d'ouverture de 60 à 85 %, un taux de rebond inférieur à 10 % et un taux de réponse de 20 % ou plus.

Les taux d'ouverture des courriels à froid sont souvent davantage dus à la livrabilité qu'aux lignes d'objet que vous utilisez. Commencez donc par là si votre taux d'ouverture est nettement inférieur à 50 %.

6. Suivi

Selon Reply.io, 66 % des réponses aux courriels à froid surviennent après le premier courriel et environ 20 % de toutes les réponses surviennent après le troisième courriel[80]. En bref, si vous n'envoyez pas de courriels de suivi, vous ratez une grande partie des réponses.

Gardez un ton informel dans vos courriels. Ne paraissez pas contrarié par l'absence de réponse. Les clients potentiels sont réellement occupés et la plupart des gens prennent des vacances.

Il est conseillé d'effectuer au moins sept relances.

Votre objectif est d'obtenir un « oui » ou un « non » clair. Comme le dit Steli Efti, PDG de Close.io : *« Les peut-être tuent les startups. »*

Vous pouvez établir un horaire de relance comme celle-ci :

- Jour 1 : Première relance (+2) ;
- Jour 3 : Relance (+4) ;
- Jour 7 : Relance (+7) ;
- Jour 14 : Relance (+14) ;
- Jour 28 : Relance (+30) ;
- Jour 58 : Relance (+30) ;
- Jour 88 : Relance (+30).

Voici quelques exemples de courriels de relance que j'utilise fréquemment :

Croissance internationale

Bonjour [Prénom],

J'ai réfléchi à la situation de [Nom de l'entreprise] au cours des deux derniers jours et j'aimerais toujours entrer en contact avec vous lorsque vous aurez un moment. Seriez-vous disponible pour discuter pendant quelques minutes cette semaine à propos de [Bénéfice du produit] ?

[Votre prénom]

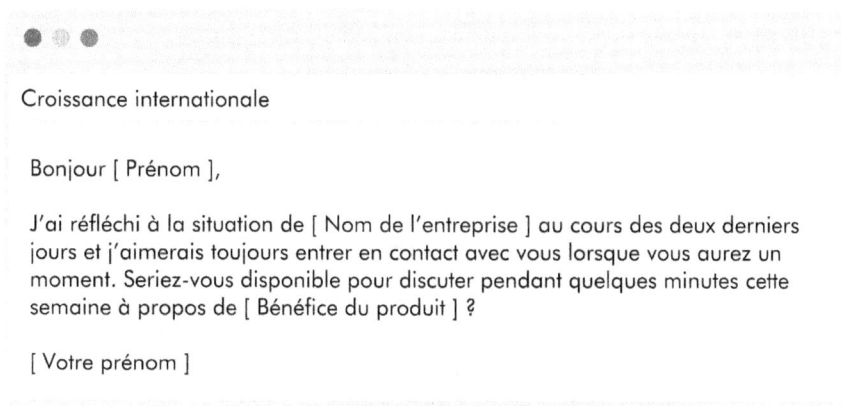

Figure 40.3 – Exemple de relance de courriel à froid

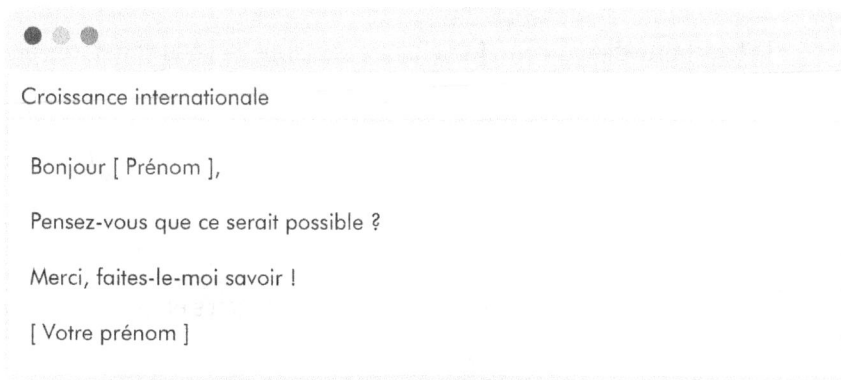

Croissance internationale

Bonjour [Prénom],

Pensez-vous que ce serait possible ?

Merci, faites-le-moi savoir !

[Votre prénom]

Figure 40.4 – Exemple de relance de courriel à froid

Croissance internationale

Bonjour [Prénom],

Je sais que les affaires peuvent être occupées, y a-t-il quelqu'un d'autre dans votre équipe qui serait peut-être plus à même de discuter avec moi de [Bénéfice du produit] ?

[Votre prénom]

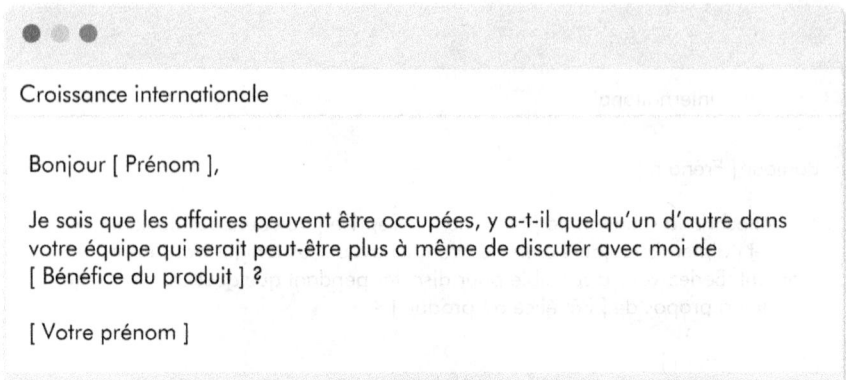

Figure 40.5 – Exemple de relance de courriel à froid

Optimisez vos séquences de courriel à froid à l'aide des techniques abordées dans la quatrième section de ce livre.

Testez la livrabilité de vos courriels chaque semaine. Si vous constatez que vos taux d'ouverture chutent, il est possible que votre compte ait été signalé.

Si c'est le cas, vous devrez malheureusement recommencer à partir du début de ce chapitre.

Une fois que vous avez trouvé votre propre façon de faire et que vous avez obtenu un certain succès, envisagez de :

- **Réchauffer les clients potentiels avant de les contacter** : Souvent, interagir avec les clients potentiels avant de les contacter peut contribuer à améliorer le taux de réponses. Il est possible de le faire via les réseaux sociaux en aimant[A1] , commentant ou partageant leurs publications sur Twitter, LinkedIn ou Facebook, en commentant ou partageant leurs articles de blogue, ou en affichant des publicités ciblées en fonction de vos listes de clients potentiels[81].
- **Cibler les visiteurs de votre site** : Guillaume Cabane, un expert en croissance d'entreprises, a aidé à concevoir le *Reveal Loop*[82]. L'idée

176

générale consiste à utiliser des outils comme Clearbit Reveal[83] ou Leadfeeder[84] pour identifier les entreprises qui visitent votre site Web en fonction de leur adresse IP. Selon le comportement des clients potentiels sur votre site et leurs centres d'intérêt, vous pouvez leur envoyer des courriels à froid beaucoup plus pertinents afin de développer des relations avec eux.

· **Utiliser des images ou des vidéos personnalisées** : Des outils comme Lemlist[85] et Loom[86] peuvent vous permettre d'inclure des images ou des vidéos personnalisées dans vos courriels à froid. Bien que l'effet de nouveauté des images ou des vidéos personnalisées soit appelé à se dissiper, si elles sont réalisées avec goût, ces images ou vidéos peuvent contribuer à attirer l'attention des clients potentiels et à obtenir des réponses.

· **Accélérer le processus grâce à des travailleurs sur demande** : Lorsque vos courriels à froid commencent à donner des résultats et que votre équipe commence à affiner ses processus, il peut être judicieux de déléguer une partie du travail de recherche à des stagiaires ou à des travailleurs indépendants sur Upwork[87] ou Fiverr[88]. Bien que vous souhaitiez probablement continuer à rédiger les introductions et à envoyer les campagnes vous-même, ces travailleurs peuvent vous aider dans la recherche de courriels et la création de listes de clients potentiels.

[Prénom], regardez cette vidéo qui montre comment les visites de produits d'Intercom peuvent vous être utiles

Bonjour [Prénom],

C'est Chantal d'Intercom. Je veux vous montrer comment vous pouvez utiliser les visites de produits d'Intercom pour transformer les nouvelles inscriptions en clients satisfaits.

Avec les visites de produits, vous pourrez :

• **Créer des visites interactives** qui permettent l'onboarding de nouveaux clients, de mettre en lumière de nouvelles fonctionnalités ou de donner aux clients des conseils proactifs ;
• **Créer des visites sans aucun développement** grâce à notre interface visuelle facile à utiliser qui comprend des modèles de démarrage rapide ;
• **Accéder à des fonctionnalités puissantes et utiles** telles que les guides interactifs avec demande de clic, les visites de produits multipages et les liens intégrables pour partager les visites de produits partout.

Cliquez ici pour regarder la vidéo et n'hésitez pas à me contacter si vous souhaitez en savoir plus.

Cheers,
Chantal

Figure 40.6 – Courriel de lancement de fonctionnalités d'Intercom

Les courriels à froid peuvent être un excellent moyen d'acquérir de nouveaux clients SaaS.

Lorsque vous augmentez votre chiffre d'affaires, renforcez votre recherche sur les clients potentiels avant d'essayer d'augmenter votre volume d'envoi. Il y aura toujours la tentation d'envoyer ce genre de courriel sans faire les recherches nécessaires. Résistez à cette tentation. Vos campagnes en bénéficieront grandement.

41

Séquences de bienvenue et d'onboarding

Au tout début, votre objectif est d'établir rapidement la valeur de votre produit auprès de vos utilisateurs en leur permettant de réaliser leurs objectifs.

Lorsqu'ils s'inscrivent, les utilisateurs ont déjà une certaine idée de ce que fait votre produit – ou du moins ce qu'il *devrait* faire pour eux. Cette idée est ce que l'expert en gestion de la réussite des clients Lincoln Murphy appelle le *Desired Outcome*[89] : ce que les utilisateurs *espèrent* que votre produit pourra leur apporter.

Votre objectif est d'aider les nouveaux inscrits à découvrir la valeur de votre produit et à en arriver à un moment Aha : le moment de la réalisation de la valeur, lorsqu'ils comprennent que votre produit peut répondre à leurs besoins. Le plus rapidement vous pourrez convaincre vos nouveaux inscrits de la valeur de votre produit, le plus rapidement vous créerez des abonnés satisfaits et engagés.

Pour ce faire, vous devez 1) identifier l'expérience *essentielle* dans votre produit et 2) identifier des façons de présenter cette expérience le plus rapidement possible[90].

Alors, *qu'est-ce qui provoque le moment Aha pour vos utilisateurs ?*

L'activation, ou le taux d'activation, est la métrique qui est la plus souvent associée au moment Aha d'un utilisateur. Cette métrique est également celle qui a, en fin de compte, le plus d'influence sur les ventes et la fidélisation sur le long terme en SaaS[91].

Plus les utilisateurs perçoivent la valeur de votre produit, plus ils risquent de l'utiliser, d'en dépendre et de vouloir s'y abonner – et de continuer à y souscrire.

Le problème avec l'activation est que, contrairement à la plupart des autres métriques pirates telles que l'acquisition, le revenu ou la recommandation, l'activation est un paramètre unique à votre produit et à votre entreprise. Il est donc essentiel de déterminer ce qui suscite le moment Aha pour votre produit spécifiquement.

J'avais initialement découvert la métrique d'activation de LANDR en passant des journées entières à comparer des cohortes de rétention en examinant les différents comportements des utilisateurs. Par exemple, les personnes qui font telle action ont *tel* niveau de rétention, tandis que les personnes qui font telle autre action ont *tel* niveau de rétention, etc.

Heureusement, des outils analytiques comme Amplitude permettent maintenant d'obtenir rapidement ce type de données grâce à des fonctionnalités intégrées. Pour ce faire, ils calculent le coefficient de corrélation – la force de la relation entre deux variables – pour toutes les actions et tous les comportements usagers.

Par exemple :

- · les utilisateurs qui ont souscrit à un abonnement ET qui ont connecté leur compte à Facebook ; ou

· les utilisateurs qui ont acheté un abonnement ET qui utilisent le produit quotidiennement.

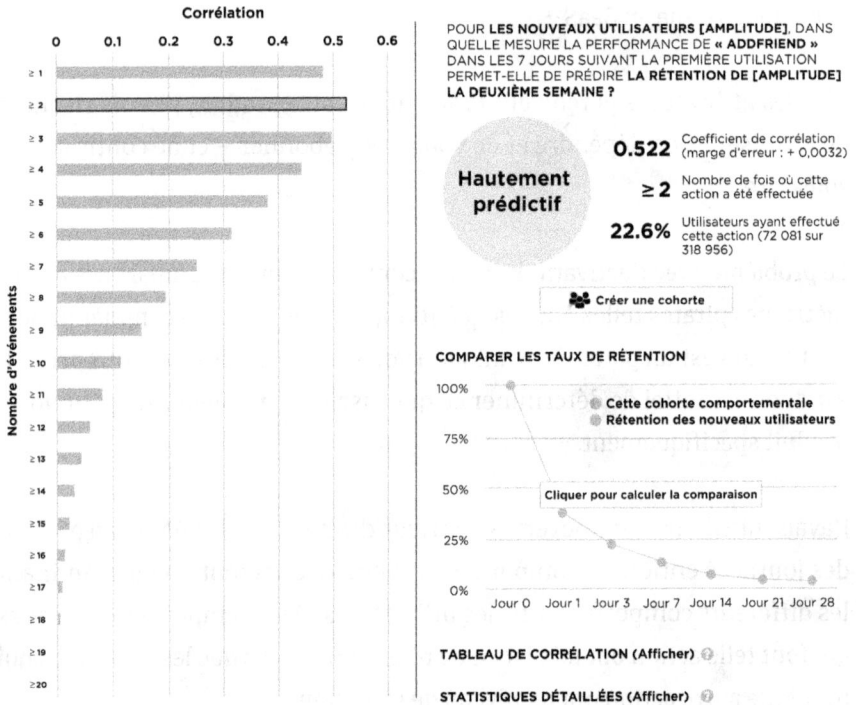

Figure 41.1 - La fonctionnalité Compass d'Amplitude

Pour LANDR, nous avions finalement constaté que lorsqu'un utilisateur achetait un certain nombre de masterings de chansons, la corrélation entre l'utilisation et la rétention à long terme du produit était la plus élevée. L'année suivante, nous avions refait la même analyse et en étions arrivés aux mêmes conclusions.

Le même type d'analyse peut vous permettre de découvrir quelles caractéristiques de votre produit sont les plus étroitement liées à la conversion, à la rétention ou à tout autre objectif. Cela peut vous aider à cartographier et à séquencer vos moments Aha, ce qui est souhaitable pour l'onboarding.

Par exemple, si votre produit était un téléphone portable, vos moments de satisfaction pourraient être les suivants :

1. Configuration rapide ;
2. Synchronisation du calendrier et du courriel ;
3. Qualité de l'appareil photo ;
4. Suggestions de contenu vidéo.

En aidant les nouveaux utilisateurs à découvrir ces fonctionnalités, vous leur permettrez de réaliser à quel point un téléphone portable peut être utile et essentiel à leur travail ou à leur vie personnelle. Ce concept est parfois appelé le Minimum Path to Awesome (MPA) – le parcours optimal pour la découverte de la valeur d'un produit.

Idéalement, si vos processus d'acquisition – vos publicités, vos pages de destination et vos CTA – créent les bonnes attentes, le passage à la phase d'onboarding et à l'utilisation du produit se fera sans heurts.

Wes Bush conseille de distinguer deux types de communications :

1. **Les aides de produit** : visites de produits, checklists, infobulles, messages In-App ou barres de progrès, qui aident les utilisateurs dans l'application elle-même ; et
2. **Les aides conversationnelles** : courriels et démarches commerciales, qui incitent les utilisateurs à revenir sur le produit.

Ces deux types de communication doivent aller de pair.

Si vous disposez de l'onboarding sur votre site (messages de bienvenue, coachmarks ou visites de produits), vous devez veiller à ce que ces éléments racontent une histoire cohérente.

1. Le courriel de confirmation

De nombreuses entreprises débutent leur programme avec un courriel de confirmation d'adresse courriel. Bien que ces courriels soient utiles lorsqu'un grand nombre d'utilisateurs s'inscrivent avec des adresses invalides, ils justifient rarement la friction qu'ils occasionnent. Les utilisateurs s'inscrivent afin d'utiliser votre produit. Les forcer à quitter votre produit, ouvrir leur boîte de courriel et cliquer sur un lien afin de pouvoir utiliser votre produit n'apporte aucune valeur pour eux. C'est une opportunité manquée.

Chez LANDR, nous n'avions pas vraiment besoin d'envoyer un courriel de confirmation, mais nous continuions à le faire parce que, bien plus que les autres courriels *plus sophistiqués* que nous avions testés, le rappel (le gros bouton vert au centre, plus précisément) incitait les usagers à revenir au produit. Et lorsqu'ils réaccédaient à LANDR, ils effectuaient les actions que nous souhaitions.

Courriel de confirmation ou non, il est important de tester et de comparer les différentes options afin de définir la meilleure stratégie pour votre produit.

2. Le courriel de bienvenue

Que l'expérience commence avec un courriel de confirmation ou non, il est important d'avoir un courriel de bienvenue afin de profiter du momentum et de renforcer la décision de vos utilisateurs d'essayer votre produit. Vous voulez que vos utilisateurs sachent qu'ils ont fait un excellent choix !

Il y a différentes approches pour les courriels de bienvenue. Cependant, l'idée générale est de renforcer la décision de s'inscrire et de créer un momentum en établissant des attentes pour la suite.

Cela peut se faire par :

- une prise de contact personnelle qui ouvre la porte au support, « Bonjour, mon nom est Étienne, merci de vous être inscrit, n'hésitez pas si vous avez des questions par rapport à notre produit » ;
- en incitant l'utilisateur à essayer la fonctionnalité la plus importante (qui devrait idéalement conduire au moment Aha principal) ;
- donner un aperçu des bénéfices du produit ; ou
- présenter un cas d'utilisation spécifique qui pousse à l'action.

Étant donné que les courriels de bienvenue obtiennent des taux d'ouverture supérieurs à ceux de la plupart des autres courriels – quatre fois le taux d'ouverture selon Experian[92] - vous devez vous assurer qu'ils établissent le bon ton et suscitent le bon comportement, en dirigeant les utilisateurs vers l'activation de leur compte.

Chaque courriel de bienvenue devrait avoir un objectif spécifique, par exemple :

- « Télécharger l'application ... » ;
- « Connecter son compte ... » ; ou
- « Importer ses données... ».

Assurez-vous de ne pas gâcher cette importante opportunité !

Une étude de SeeWhy[93] suggère que les entreprises disposent d'une fenêtre de 90 minutes avant que les clients potentiels ne perdent leur enthousiasme initial. Par conséquent, il est préférable d'envoyer votre courriel de bienvenue aussitôt que les utilisateurs s'inscrivent. Profitez du momentum pour inciter les utilisateurs à poursuivre leur utilisation.

3. Les courriels d'onboarding

En fonction de l'utilisation naturelle de votre produit *sans* courriel, vous pouvez enchaîner votre courriel de bienvenue par une série de courriels d'onboarding ciblés aux moments où l'utilisation de votre produit tend à diminuer.

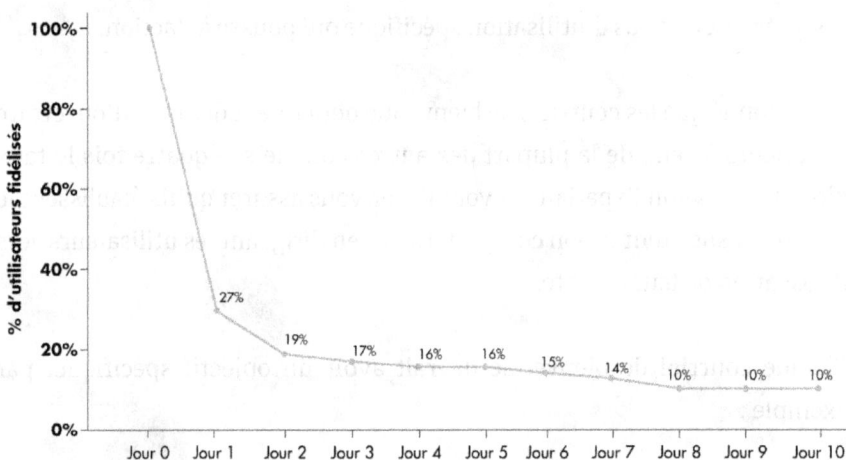

Figure 41.3 - Séquençage en fonction de la courbe de rétention

Par exemple, en examinant la cohorte de fidélisation ci-dessus, vous pourriez décider d'envoyer vos courriels d'onboarding les jours 2, 4, 8 et 12, menant à un courriel d'upgrade.

Les courriels d'onboarding visent à :

- faire progresser les utilisateurs vers leurs *desired outcomes* ;
- créer l'habitude d'utiliser votre produit ;
- aider les utilisateurs à percevoir la valeur du produit afin qu'ils deviennent, à terme, des abonnés payants ; et

· réduire la friction liée à l'utilisation du produit.

Les courriels d'onboarding sont une prolongation de votre produit. Ils doivent combler l'écart entre les desired outcomes et la valeur obtenue grâce au produit.

On y parvient souvent en démontrant la valeur du produit à l'aide de :

· cas d'utilisation ;
· bénéfices ; et
· études de cas ou témoignages clients.

Comme les premiers courriels seront ceux qui seront ouverts le plus fréquemment et que les utilisateurs n'ouvrent généralement pas tous les courriels, il est préférable de présenter vos meilleurs arguments dans les premiers courriels, c'est-à-dire les valeurs qui ont le plus de chances de convaincre vos utilisateurs d'utiliser votre produit (et de continuer d'ouvrir vos courriels). Pour accélérer les ventes et augmenter les conversions, vous devez être agressif avec les courriels dans les premiers jours de la durée de vie d'un utilisateur.

Highlights dispose en fait de deux séquences d'onboarding similaires mais distinctes : l'une pour les agences, l'autre pour les blogueurs, les entrepreneurs et les équipes de marketing en entreprise. Je vous déconseille toutefois de diviser vos efforts de cette manière tant qu'une séquence n'a pas produit de bons résultats.

Nous avions mis en place le courriel de bienvenue, la séquence d'onboarding et les courriels d'upgrade avant le lancement du produit. Le contenu des courriels reposait davantage sur des hypothèses que sur des données factuelles, ce qui a mené à de nombreux changements de séquençage, à des modifications et à la nécessité de les optimiser. Il est fort probable que cela arrive également avec votre séquence.

Pour Highlights, le courriel de bienvenue est suivi de quatre courriels d'onboarding menant à un courriel d'upgrade envoyé le 13e jour, soit un jour avant la fin de la période d'essai de 14 jours.

Les moments Aha étaient :

1. l'interprétation simple des analytiques ;
2. la priorisation personnalisée ;
3. la priorisation automatique ; et
4. la vue d'ensemble.

Au fur et à mesure que les utilisateurs découvrent les moments Aha spécifiques, c'est une bonne idée de changer les courriels que vous envoyez, afin qu'ils puissent découvrir les prochains bénéfices les plus importants.

Différents utilisateurs apprendront et progresseront à leur rythme. L'utilisation de courriels basés sur les actions prises ou le comportement, liés à ce que les utilisateurs font dans votre produit, peut être très efficace pour guider les utilisateurs vers les principaux éléments de valeur de votre produit.

Examinons de plus près la séquence de bienvenue et d'onboarding d'Highlights.

Courriel de bienvenue (Ouverture à 67 %, clics à 10 %)

Le courriel de bienvenue réitère le bénéfice principal du produit. Il utilise la personnalisation et comporte un CTA clair. Ce courriel demande aux utilisateurs d'effectuer une tâche mineure, mais essentielle, qui leur permettra de découvrir la valeur du produit.

● ● ●

est-ce que ce truc fonctionne ?

Bienvenue chez Highlights, [Prénom].   **highlights**

Merci de vous être inscrit.

La **première chose à faire aujourd'hui** est de connecter les comptes Google Analytics, HubSpot et MailChimp de vos clients.

Voici pourquoi :

1. Analyse instantanée : Highlights analyse les performances des pages de destination, des articles de blogue et des courriels de vos clients en quelques secondes.

2. Vue d'ensemble claire : Il vous indique exactement ce qui se passe à travers les comptes de vos clients et vous fournit une vue centrale.

3. Apprentissages : Vous apprendrez quels comptes et campagnes doivent être améliorés, lesquels sont déjà performants, et vous pourrez en suivre l'évolution.

C'est rapide ⚡, c'est intelligent 🤓, et c'est magique ✨. Enfin... ce n'est pas magique, mais Highlights va certainement vous aider à prendre de meilleures décisions. 🚀

Connectez vos comptes clients →

P.S. Si vous souhaitez obtenir une démo personnalisée d'Highlights, prenez rendez-vous ici.

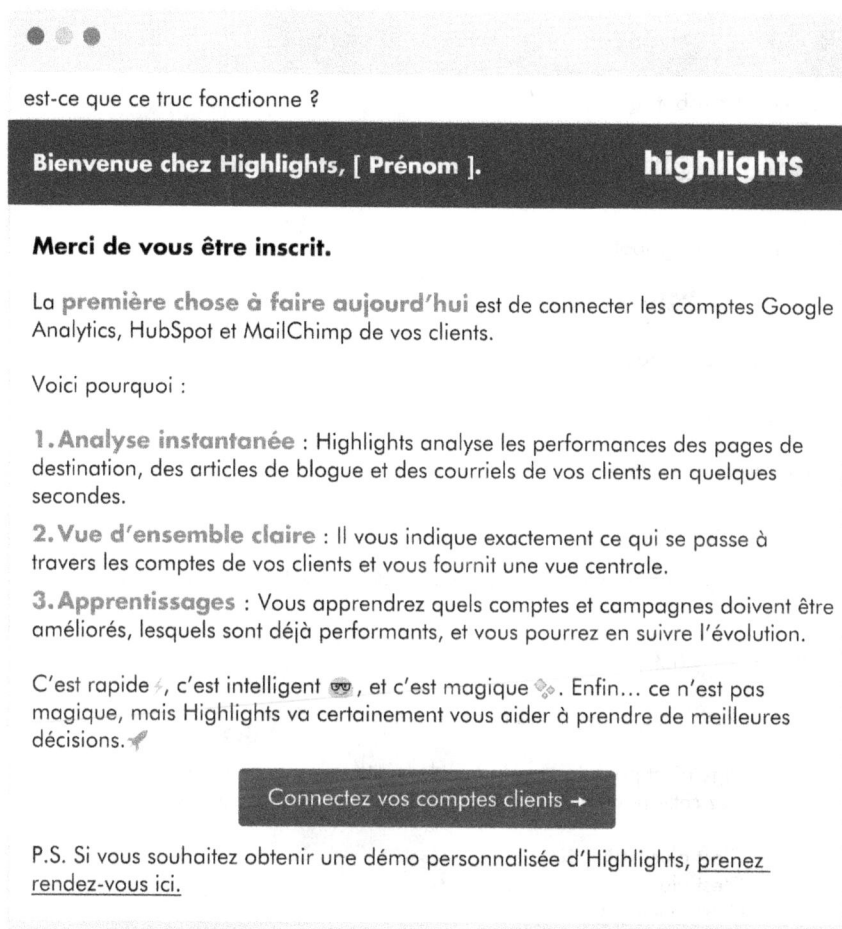

Figure 41.4 – Courriel de bienvenue d'Highlights

Premier courriel d'onboarding (Ouverture à 46 %)

L'objectif du premier courriel d'onboarding est d'ouvrir la porte au support. L'idée générale du courriel est d'humaniser un service qui est entièrement automatisé.

qui aime les robots 🤖

highlights

<language_de_robot>

Bonjour 9e32bb61-d9aa-40ce,

</language_de_robot>

Ce qui précède est votre nom selon un ordinateur.

Aimez-vous quand les robots vous parlent ?

Oui, nous non plus…

C'est pourquoi nous avons passé beaucoup de temps à transformer des données comme :

« 762 | 1.2 | 0.4 | 8 »

… en recommandations lisibles par des humains :

« Cette page n'est pas très populaire et les visiteurs ne restent pas longtemps. N'optimisez cette page que si elle est essentielle pour votre site Web. »

- C'est plus **naturel.**
- C'est plus **facile à appliquer.**
- C'est tout simplement **mieux.**

Et si cela ne suffit pas, nous avons une charmante <u>documentation produit,</u> des <u>guides</u> et de <u>vrais humains</u> disponibles pour répondre à toutes vos questions.

Allez-y, testez notre support :

Quelle est votre principale question en ce qui a trait à Highlights ? ☺

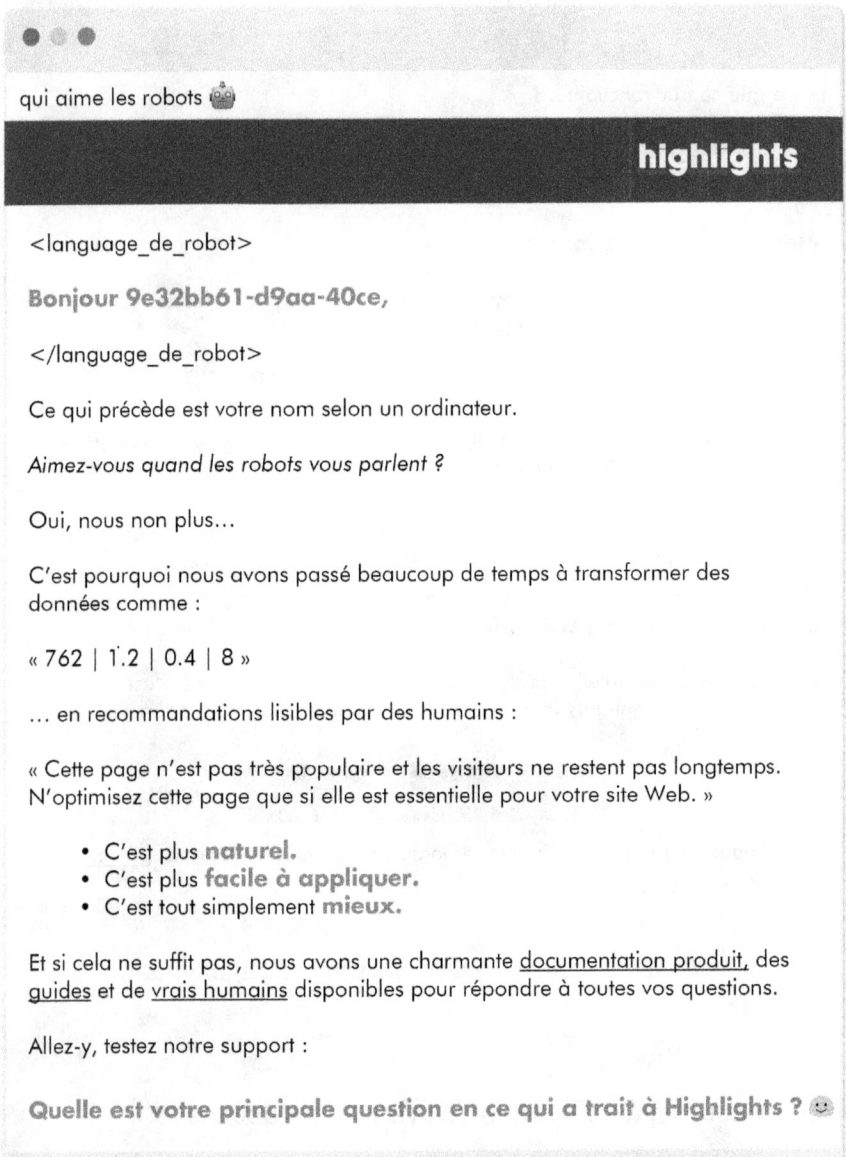

Figure 41.5 – Premier courriel d'onboarding d'Highlights

Deuxième courriel d'onboarding (Ouverture à 38 %, clics à 5 %)

Le deuxième courriel d'onboarding illustre la priorisation personnalisée en demandant aux utilisateurs d'effectuer une tâche rapide. Il crée et exploite un écart de connaissances. Le P.S. aide à renforcer l'appel à l'action principale.

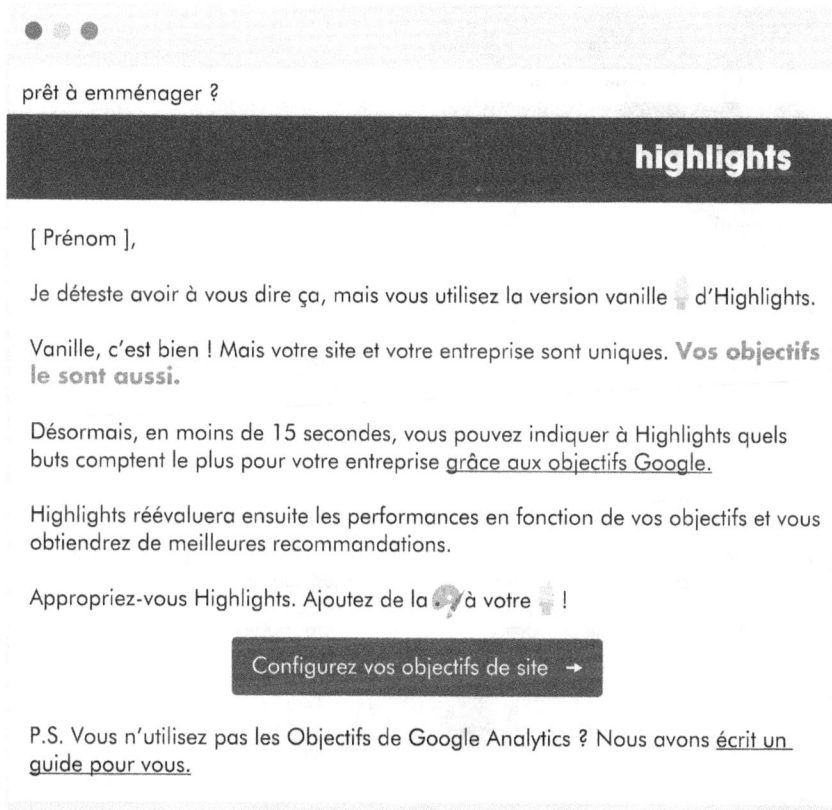

Figure 41.6 – Deuxième courriel d'onboarding d'Highlights

Troisième courriel d'onboarding (Ouverture à 36 %, clics à 10 %)

Le troisième courriel d'onboarding suscite la curiosité des utilisateurs pour les inciter à accéder au produit. Le taux d'ouverture nécessite un peu de travail sur ce courriel.

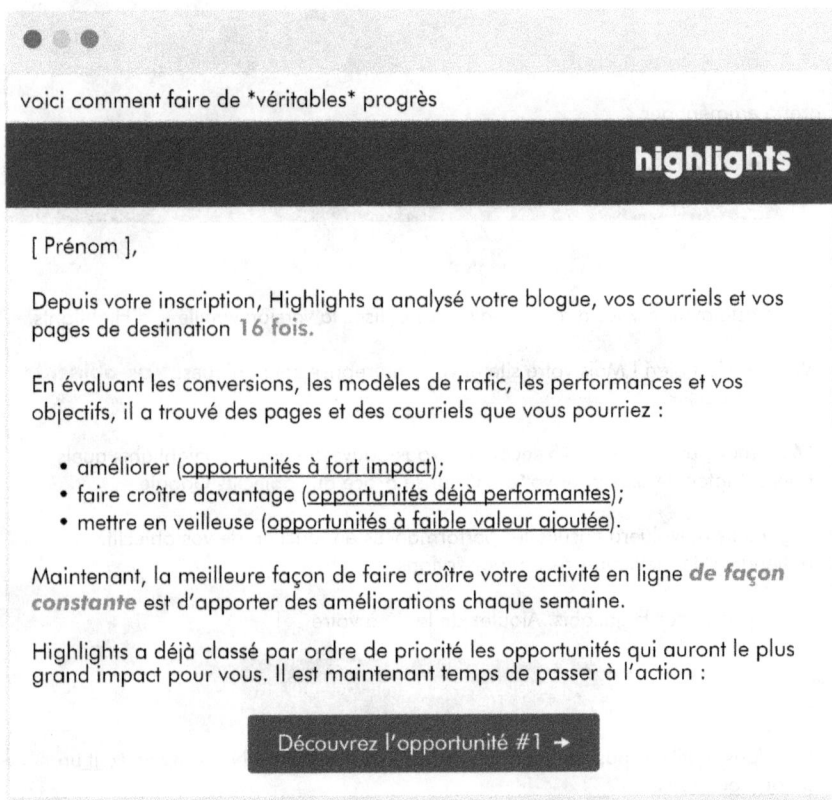

voici comment faire de *véritables* progrès

highlights

[Prénom],

Depuis votre inscription, Highlights a analysé votre blogue, vos courriels et vos pages de destination 16 fois.

En évaluant les conversions, les modèles de trafic, les performances et vos objectifs, il a trouvé des pages et des courriels que vous pourriez :

- améliorer (opportunités à fort impact);
- faire croître davantage (opportunités déjà performantes);
- mettre en veilleuse (opportunités à faible valeur ajoutée).

Maintenant, la meilleure façon de faire croître votre activité en ligne *de façon constante* est d'apporter des améliorations chaque semaine.

Highlights a déjà classé par ordre de priorité les opportunités qui auront le plus grand impact pour vous. Il est maintenant temps de passer à l'action :

Découvrez l'opportunité #1 →

Figure 41.7 - Troisième courriel d'onboarding d'Highlights

Quatrième courriel d'onboarding (Ouverture à 52 %, clics à 10 %)

Le dernier courriel d'onboarding est court et direct. Il utilise des éléments de personnalisation dans le corps du message et répète le CTA. Les performances ont remonté pour ce dernier courriel.

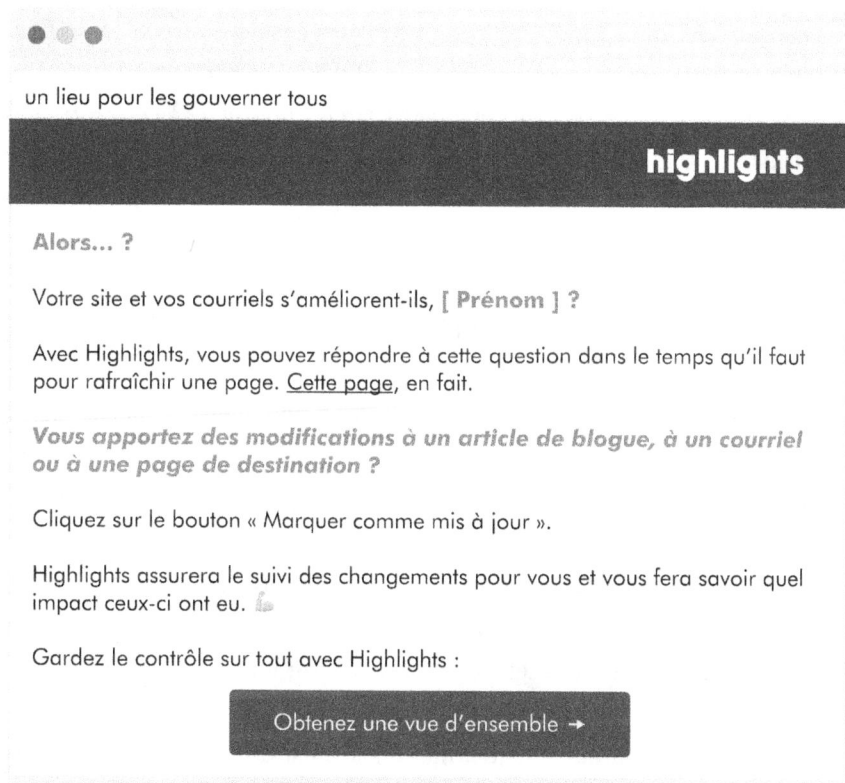

un lieu pour les gouverner tous

highlights

Alors... ?

Votre site et vos courriels s'améliorent-ils, [Prénom] ?

Avec Highlights, vous pouvez répondre à cette question dans le temps qu'il faut pour rafraîchir une page. Cette page, en fait.

Vous apportez des modifications à un article de blogue, à un courriel ou à une page de destination ?

Cliquez sur le bouton « Marquer comme mis à jour ».

Highlights assurera le suivi des changements pour vous et vous fera savoir quel impact ceux-ci ont eu.

Gardez le contrôle sur tout avec Highlights :

Obtenez une vue d'ensemble →

Figure 41.8 – Quatrième courriel d'onboarding d'Highlights

Cette séquence est-elle parfaite ? Non.

Il y a encore beaucoup de marge pour l'amélioration et l'optimisation, mais c'est *suffisant* pour l'instant.

Voici quelques éléments à considérer lors de la mise en place de votre séquence de bienvenue et d'onboarding :

- **Un courriel, un CTA** : Chaque courriel doit être axé sur une seule demande. Utilisez les libellés des appels à l'action pour renforcer la valeur du produit.
- **Liens profonds autant que possible** : Essayez de créer des liens aussi précis que possible dans votre produit. Utilisez des liens directs. N'oubliez pas que certains de vos utilisateurs vont devoir se connecter.
- **Un ton terre à terre favorise la confiance** : Apprenez à connaître vos utilisateurs avant de vous lancer dans la comédie avec votre marque ou vos contenus.
- **N'insistez pas trop** : Tout va bien à ce point. Ne soyez pas trop pressant dès le départ.
- **Les taux d'ouverture vont diminuer** : Il est normal que les taux d'ouverture diminuent après votre courriel de bienvenue. L'important est de s'assurer que votre séquence maintienne un bon niveau de performance de base.
- **Le cadencement des courriels est davantage un art qu'une science** : Tant que vous n'aurez pas débuté les tests, vous ne pourrez pas obtenir de preuves concluantes sur le bon rythme de votre séquence.

Songez à sous-dimensionner votre onboarding en commençant par un processus manuel afin d'apprendre de vos utilisateurs. Comme le dit Andrus Purde, fondateur d'Outfunnel[94] : « C'est une bonne idée de faire quelque chose manuellement suffisamment longtemps avant de commencer à l'automatiser. »

Les utilisateurs, surtout en B2B, apprécient la proximité. C'est l'une des raisons pour lesquelles l'onboarding assisté par les vendeurs – lorsque les vendeurs contactent les clients potentiels en abonnement gratuit – convertit presque 3,5 fois mieux que l'onboarding en libre-service[95].

Un modèle typique d'onboarding par courriel consiste à envoyer un courriel de bienvenue au moment de l'inscription, suivi le lendemain d'un courriel d'onboarding, puis d'un courriel tous les deux jours.

L'important est de commencer par le début et de tester. Lorsque votre courriel de bienvenue commence à susciter l'utilisation de votre produit, ajoutez votre premier courriel d'onboarding. Une fois que ce premier courriel d'onboarding augmente également l'utilisation, ajoutez le courriel suivant, et ainsi de suite.

Chez LANDR, nous avions constaté que si les utilisateurs ne devenaient pas actifs dans les 90 premiers jours, moins de 2 à 3 % de ceux-ci s'engageaient vraiment à utiliser le produit. C'est pourquoi il était logique de continuer à renforcer la valeur du produit bien au-delà du courriel d'upgrade.

Des recherches menées par MadKudu[96] ont démontré qu'il faut environ 40 jours pour obtenir 80 % des conversions SaaS. Pour la plupart des entreprises, la moitié des ventes se font après la fin de la période d'essai. Et comme l'a démontré Tomasz Tunguz, associé directeur chez Redpoint Ventures, dans un rapport basé sur 600 entreprises SaaS, le taux de conversion est sensiblement le même quelle que soit la durée de la période d'essai[97].

Ceci est tout à fait logique. Sam Levan, cofondateur et PDG de MadKudu, explique[98] : « Un essai gratuit crée une urgence d'achat artificielle. Il n'y a rien de magique dans le dernier jour d'un essai : certains clients continuent à convertir à leur propre rythme, en fonction de leurs motivations ou de leur perception de la valeur. »

Les 30 à 40 premiers jours de votre cycle d'utilisation sont cruciaux. Mais vous devez absolument assurer un suivi pendant les 90 jours suivant l'inscription, bien après la fin de l'essai. Tant que vos courriels d'onboarding contribuent à la performance et à l'utilité de votre série, vous pouvez continuer à ajouter des courriels et à encourager les activations.

Comme nous l'avons déjà mentionné, MailChimp envoie 11 courriels d'onboarding. Il faudra probablement changer de ton une fois l'essai terminé, mais il convient de continuer à essayer de convaincre vos utilisateurs de s'engager.

Allez-y, engagez vos utilisateurs !

42

Courriels comportementaux et de cycle de vie

Beaucoup d'éléments entrent dans la composition d'un taux de conversion, d'un taux d'activation ou d'un taux d'attrition. Certains utilisateurs atteindront une étape sans problème, tandis que d'autres se retrouveront bloqués à des points critiques.

Voilà le grand pouvoir des courriels comportementaux et de cycle de vie : ils peuvent aider à assister ou influencer les utilisateurs à des étape jalons clefs afin d'améliorer l'utilisation et les performances globales.

Parfois, les comportements utilisateurs ou les problèmes auxquels ils font face sont trop spécifiques pour justifier une modification des interfaces du produit, ou encore, il n'est pas facile d'obtenir du temps de développement pour résoudre certains problèmes. Dans ces situations, les courriels ou messages In-App comportementaux peuvent vous permettre d'améliorer considérablement l'utilisation et les conversions.

Si nous examinons la situation du point de vue d'Highlights[99], à haut niveau, l'entonnoir ressemblait à ceci :

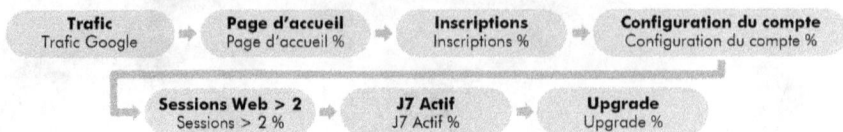

Figure 42.1 - Entonnoir d'Highlights

L'objectif principal était d'amener les utilisateurs à s'activer – c'est-à-dire à avoir plusieurs clients et plusieurs utilisations hebdomadaires – en moins d'une semaine.

Bien que cet entonnoir de haut niveau donne une bonne vue d'ensemble, il peut être trompeur. Il y a en fait plusieurs sous-étapes au niveau inférieur où l'utilisation peut être problématique.

Si nous regardons de plus près l'entonnoir :

1. Les utilisateurs sont acquis via les moteurs de recherche, le marketing de contenu ou les courriels à froid.
2. Ils s'inscrivent sur le blog, sur la page d'accueil, sur la page des tarifs ou parfois sur des pages surprenantes comme celle des conditions générales.
3. Les utilisateurs peuvent abandonner au cours de l'une des trois étapes du processus d'onboarding.
4. Lorsqu'ils atteignent l'écran d'accueil après ces trois étapes, les résultats obtenus peuvent varier.

Déjà, il y a des dizaines de d'expériences et de contextes différents. Plus de points de décision signifie plus de points de rupture. Ce n'est pas nécessairement négatif, mais cela se traduit par des expériences clients plus complexes.

En se basant sur les résultats, il est possible d'identifier les points de rupture:

	Semaine 1	Semaine 2
Utilisateurs dans la cohorte	1000	1300
Acquisition		
Visite le blogue	100.0%	100.0%
Clique sur un lien vers la page d'accueil	15.0%	13.8%
Clique sur le bouton d'inscription	2.5%	2.5%
Entame le processus d'inscription	2.0%	1.8%
Termine l'inscription	1.7%	1.8%
Le visiteur est considéré comme inscrit	17	23
Activation		
Visualise la 1ère étape du processus de configuration	1.7%	1.8%
Termine la 1ère étape	1.6%	1.6%
Termine la 2ème étape	1.3%	1.4%
Termine la 3ème étape (facultatif)	1.2%	1.2%
Accède à l'interface principale	1.2%	1.2%
L'utilisateur est considéré comme ayant été activé	12	15
Fidélisation		
L'utilisateur revient utiliser le produit	0.6%	0.7%
L'utilisateur utilise le produit 3 fois	0.3%	0.5%
L'utilisateur est considéré comme fidélisé	3	6
Revenu		
L'utilisateur achète un abonnement	0.2%	0.2%
L'utilisateur paie un deuxième mois	0.2%	0.2%
L'utilisateur paie un troisième mois	0.2%	0.2%

Figure 42.2 – Points de rupture de l'entonnoir d'Highlights

Lorsque vous avez identifié un point de rupture dans les performances de votre entonnoir de conversion, il est important de l'analyser sous tous les angles :

- *Les utilisateurs provenant de différentes sources de trafic se comportent-ils différemment ?*
- *Y a-t-il des pays, des régions ou des villes qui performent mieux que d'autres ?*
- *Les utilisateurs sur portable, tablette ou ordinateur personnel parviennent-ils à accomplir les mêmes tâches ?*
- *Y a-t-il des considérations en termes de performances de site ?*
- *Y a-t-il des problèmes de paiement, ou tout autre élément que vous n'aviez pas anticipé ?*

Ce type d'analyse peut vous éclairer par rapport au contexte et à la nature des problématiques à considérer.

Est-ce davantage l'utilisateur, le contexte ou est-ce qu'une partie du processus semble défectueuse ? Si c'est l'utilisateur, vous pouvez communiquer différemment avec les divers segments. Si c'est le contexte, vous pouvez donner des indications additionnelles ou ouvrir la porte à un support plus spécialisé. Si quelque chose ne fonctionne pas, vous pouvez proposer une solution alternative pour aider les utilisateurs à atteindre leur but.

De là, réfléchissez à la meilleure façon d'influencer les comportements : *Les utilisateurs sont-ils dans l'application lorsque le problème survient ?* Considérez alors les messages In-App. *Sont-ils hors de l'application après que le problème s'est produit ? Pouvez-vous anticiper le problème ?* Dans ce cas, songez au courriel.

Ne vous attendez pas à bénéficier d'un enchaînement parfait. Il y a de fortes chances que les messages comportementaux que vous configurez parviennent à l'utilisateur *après* que le problème s'est produit.

Soyez créatif dans votre ciblage et votre segmentation.

Effectuez des tests. Il sera parfois difficile de reproduire certains problèmes, mais vous pouvez effectuer des essais pour y remédier.

Choisissez le bon ton. Un ton serviable est généralement préférable lorsqu'il s'agit de traiter des problèmes. Un ton un peu plus pressant convient mieux pour rectifier les problèmes comportementaux.

Assurez-vous que les communications que vous mettez en place se marient bien avec les autres séquences déjà configurées. Un seul courriel peut généralement être inséré dans une séquence de courriels, mais si plusieurs courriels sont nécessaires, il vous faudra peut-être transférer les utilisateurs sur d'autres « voies ferrées ».

Concentrez-vous sur le problème le plus important et veillez à ne pas surcharger vos utilisateurs.

Chez Highlights, nous avons fini par mettre en place trois campagnes comportementales :

avez-vous oublié quelque chose ?

Bonjour [Prénom],

C'est génial de vous compter parmi nous !

Afin de profiter au maximum de votre compte Highlights, vous devez le configurer ici.

En une minute environ, vous obtiendrez des informations utiles qui vous aideront à améliorer le trafic et les conversions sur votre site.

Cela semble être une bonne affaire, non ?

Vous avez des questions ? N'hésitez pas, je suis là pour vous aider.

Étienne Garbugli

Cofondateur, www.gethighlights.co

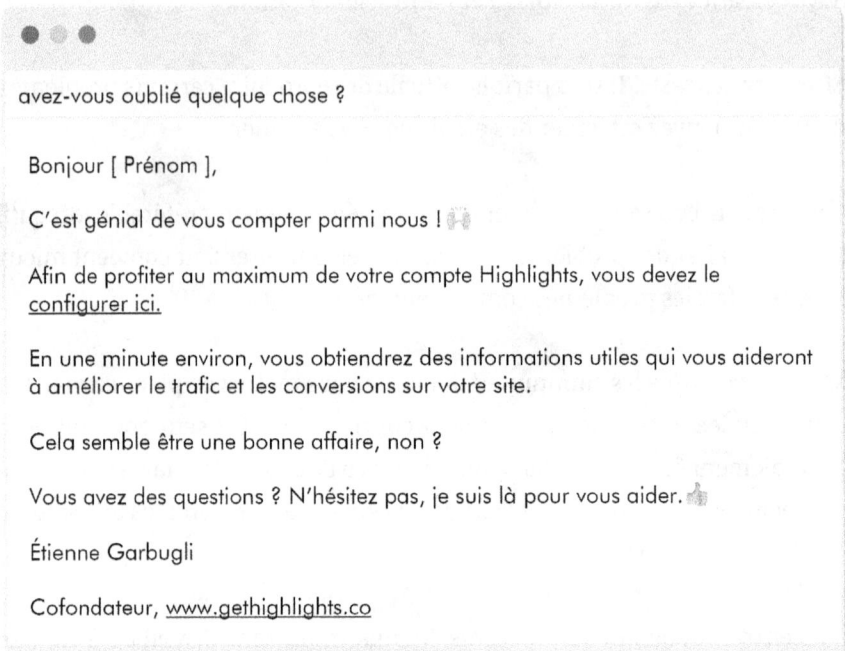

Figure 42.3 - Courriel d'onboarding incomplet d'Highlights

1. **Onboarding incomplet le premier jour** : Si un utilisateur s'est inscrit, mais n'a pas terminé son onboarding, il reçoit un courriel (il n'est généralement plus dans l'application). Au lieu de le surcharger avec une série de tâches à effectuer, les appels à l'action sont classés du plus au moins important en fonction des actions que les utilisateurs ont réalisées dans le produit. *Aucun type d'utilisateur sélectionné ?* Courriel envoyé. *Le type d'utilisateur est sélectionné, mais Google Analytics n'est pas configuré ?* Le courriel ci-dessus est envoyé. *La configuration de Google Analytics est incomplète ?* Un autre courriel est envoyé, et ainsi de suite.

2. **Onboarding terminé le premier jour** : Si un utilisateur termine le processus d'onboarding, un courriel de suivi personnalisé lui est envoyé par moi, un des co-fondateurs. Ce courriel souhaite la bienvenue à l'utilisateur, l'invite à poser des questions et utilise le P.S. pour faire

une suggestion ciblée afin de pousser son utilisation du produit. Si le compte de l'utilisateur a moins d'un certain nombre de clients ou si le trafic de son site est trop faible, une autre version du courriel est envoyée afin de l'encourager à s'engager davantage et à activer son compte.

3. **Prolongation de l'essai le 16ème jour** : Si un utilisateur a démontré son intention d'utiliser le produit, il reçoit un courriel personnel lui proposant de prolonger son essai gratuit deux jours après l'expiration de celui-ci. Ce courriel simple permet de reconquérir certains utilisateurs qui avaient peut-être manqué de temps pour évaluer le produit.

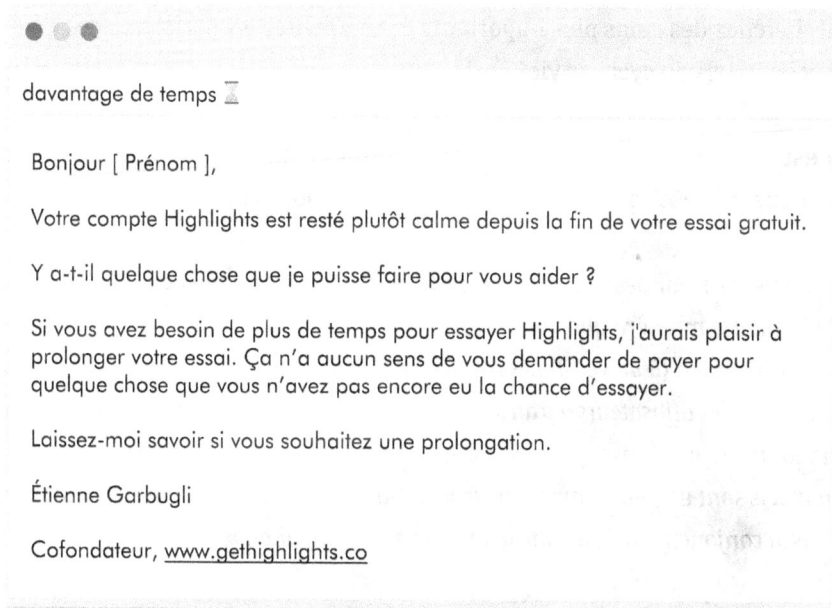

● ● ●

davantage de temps ⏳

Bonjour [Prénom],

Votre compte Highlights est resté plutôt calme depuis la fin de votre essai gratuit.

Y a-t-il quelque chose que je puisse faire pour vous aider ?

Si vous avez besoin de plus de temps pour essayer Highlights, j'aurais plaisir à prolonger votre essai. Ça n'a aucun sens de vous demander de payer pour quelque chose que vous n'avez pas encore eu la chance d'essayer.

Laissez-moi savoir si vous souhaitez une prolongation.

Étienne Garbugli

Cofondateur, www.gethighlights.co

Figure 42.4 - Courriel de prolongation de l'essai d'Highlights

Prenez le temps d'analyser vos cohortes en profondeur. Comprenez les points de rupture. Évaluez la nécessité d'utiliser le courriel ou les messages

In-App pour influencer les comportements. Quantifiez l'impact lorsque possible. Il est parfois possible de créer une analyse de rentabilité afin de justifier la mise en production de certaines correctifs.

Prenez note des problèmes. Parfois, il sera plus facile de corriger le produit, et parfois non.

Les courriels sur le cycle de vie peuvent être très utiles pour le support, mais aussi pour renforcer certains comportements.

Si vous perdez votre temps à effectuer des tâches répétitives, songez à recourir à l'automatisation des courriels.

Recherchez des gains plus importants et augmentez les performances grâce aux courriels du cycle de vie.

Il est important de se rappeler que, comme le dit l'entrepreneur Patrick McKenzie[100], les courriels de cycle de vie sont conçus pour être temporaires :

« L'objectif final des courriels de cycle de vie est de ne plus en avoir besoin, de la même manière que vous n'installez pas de façon permanente des roues d'entraînement (à un vélo). Les courriels de cycle de vie doivent donc être conçus pour aider les utilisateurs à franchir les points d'inflexion les plus critiques de leur parcours, depuis l'inscription jusqu'à leur utilisation fructueuse. En ce sens, les courriels sont un peu comme une articulation entre deux os : ils agissent comme le tissu conjonctif qui relie une activité clef à la suivante. »

43

Séquences d'upgrade, d'upsell et de revenus d'expansion

Un très bon taux de conversion gratuits à payants pour les produits freemium est de 4 %. C'est le taux de conversion atteint par Dropbox et Evernote, tandis que les produits les plus performants comme Spotify atteignent 26 %[101].

Je vais maintenant vous expliquer comment nous avons réussi à obtenir jusqu'à 42 % des nouveaux abonnements hebdomadaires à partir du courriel et des messages In-App chez LANDR. En tant que produit transactionnel freemium, LANDR avait un très bon taux de conversion. En plus du modèle d'abonnement, les utilisateurs pouvaient acheter des masterings individuels sous forme de transactions à l'unité.

La base d'utilisateurs avait une forte volonté d'acheter, mais il y avait une certaine complexité associée à la détermination du parcours optimal pour la conversion. *Quels abonnements promouvoir ? Quand en faire la promotion ? Comment s'y prendre ?*

L'une des principales analyses que nous effectuions à l'époque concernait les cohortes de revenus par mois pour toutes les cohortes d'inscriptions. Nous analysions les cohortes d'inscriptions mensuelles et les revenus par mois.

Grâce à cette analyse, notre équipe pouvait répondre rapidement à des questions telles que « *Combien d'argent avons-nous généré au cours du mois dernier grâce aux utilisateurs s'étant inscrits il y a 19 mois ?* ». Nous pouvions comparer la monétisation des différentes cohortes au fil du temps et évaluer à nouveau les progrès réalisés mois après mois. C'était un moyen facile de mieux comprendre les habitudes de consommation de nos utilisateurs.

Voici un exemple du type de données que nous examinions :

Segment	Inscriptions	Mois 1	Mois 2	Mois 3	Mois 4	Mois 5	Mois 6	Mois 1	Mois 2	Mois 3	Mois 4	Mois 5	Mois 6
Mois 1	7,500	$25,000	$13,500	$7,500	$6,300	$6,200	$6,600	$3.33	$1.80	$1.00	$0.84	$0.83	$0.88
Mois 2	7,800	$31,000	$16,500	$8,800	$7,600	$7,400		$3.97	$2.12	$1.13	$0.97	$0.95	
Mois 3	8,100	$29,500	$17,500	$9,200	$8,100			$3.64	$2.16	$1.14	$1.00		
Mois 4	8,400	$32,000	$18,800	$9,600				$3.81	$2.24	$1.14			
Mois 5	8,900	$33,500	$20,100					$3.76	$2.26				
Mois 6	9,400	$36,000						$3.83					

Figure 43.1 - Exemple de cohortes de revenus par mois

En tant qu'entreprise utilisant un modèle freemium, il n'y avait pas de raison que nous ne puissions pas monétiser les 20+ cohortes mensuelles déjà inscrites pour utiliser le produit.

Il s'avère que les probabilités étaient également en notre faveur. Selon le livre *Marketing Metrics*, la probabilité de vendre à un client existant est de 60 à 70 %, alors que la probabilité de vendre à un nouveau prospect n'est que de 5 à 20 %[102].

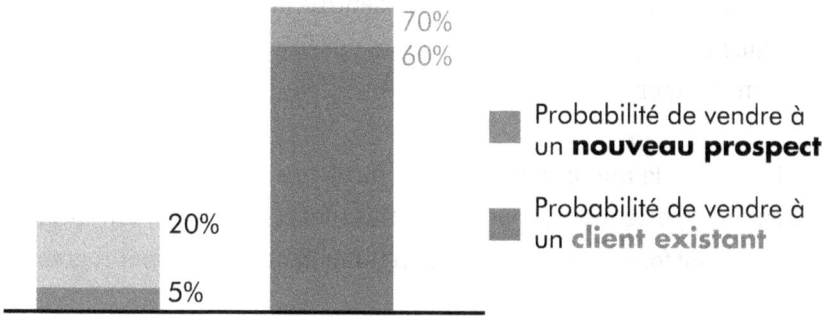

Figure 43.2 - Comparaison des probabilités de vente

En réfléchissant à ce défi, nous avons choisi de l'aborder sous un angle différent.

Nous avons d'abord mis en place un courriel d'upgrade le 14ème jour après l'inscription. Pour maximiser les conversions, nous avons mis en place des rappels un peu plus tard afin d'essayer de convertir les utilisateurs qui n'avaient pas choisi la mise à niveau. Nous avons également ajouté des courriels d'upsell pour les utilisateurs qui avaient déjà résilié un abonnement par le passé, en utilisant les motifs d'annulation pour faire la bonne offre.

Une fois ces campagnes mises en place, nous avons débuté la création d'un programme d'upsell beaucoup plus élaboré afin de monétiser les cohortes d'utilisateurs passées. En premier lieu, nous avons entrepris d'identifier les comportements qui conduisaient souvent à l'achat d'un abonnement :

- *Est-ce que les utilisateurs qui masterisent cinq fois par semaine sont plus susceptibles d'effectuer un achat ?*
- *Est-ce que les utilisateurs de telle ou telle fonctionnalité sont plus susceptibles de faire un achat ?*
- *Est-ce que les personnes qui utilisent tel ou tel format de fichier procèdent à des achats ?*

En examinant les données, nous avons identifié des dizaines de comportements qui méritaient d'être ciblés pour les upsells. Nous les avons ajoutés à notre liste d'expériences à réaliser.

Afin de réduire le nombre de variables *inconnues* et de pouvoir tester les différents comportements, nous avons utilisé des courriels d'upsell éprouvés, basés sur ce qui fonctionnait déjà à d'autres moments dans notre programme.

Pour tester, nous envoyions des courriels d'upsell à des échantillons de 500 à 1 000 utilisateurs dont le comportement correspondait aux critères ciblés.

Si un test donnait de bons résultats, nous améliorions le courriel et en adaptions le contenu au contexte spécifique. Dans le cas contraire, nous passions tout simplement à l'expérience suivante.

Ce processus de test nous a permis d'en apprendre beaucoup sur les comportements d'achat, les offres, les messages et les taux de réduction qui encouragent les utilisateurs à procéder à l'achat d'un abonnement.

Mais comme les comportements visés étaient essentiellement aléatoires, nous avons commencé à nous heurter à des problèmes de chevauchement. Lorsque l'été est arrivé, les volumes d'envoi ont ralenti, tout comme les ventes. Le ciblage comportemental – en sélectionnant des comportements types – ne nous permettrait pas de faire croître le programme à grande échelle.

Nous avons donc décidé de retravailler notre programme d'upsell sur la base du concept de la « voie ferrée » présenté au chapitre n°5.

Les utilisateurs freemium avaient désormais leur propre « voie ferrée ». Ils recevaient des courriels d'upsell distincts à intervalles de quelques mois. Entre les tentatives de mise à niveau, nous renforcions leur perception de la valeur du produit. Les courriels d'upsell reçus par les utilisateurs étaient basés sur leurs comportements réels. Chaque semaine, le programme d'upsell convertissait les membres de plus de 20 cohortes d'inscriptions mensuelles. Les ventes et les performances se sont mises à augmenter et, très vite, le revenu par utilisateur (ARPU) par cohorte a augmenté.

Pour couronner le tout, nous avons également utilisé des courriels transactionnels afin de promouvoir les abonnements :

« Vous venez de masteriser [X] chansons. Vous pouvez obtenir un nombre illimité de masterings de meilleure qualité pour le prix de [Y]. »

La monétisation est un élément clef en SaaS. C'est un moyen de confirmer que votre produit est apprécié et utile. C'est également un moyen de financer la croissance de votre entreprise.

Pour réussir l'upsell aux utilisateurs, vous devez trouver le bon moment pour vendre un abonnement et faire une offre appropriée.

Les mots clefs ici sont « *bon moment* » et « *offre appropriée* ».

Que votre produit ait une version d'essai gratuite ou que vous utilisiez un modèle freemium, il est important de mettre en place un courriel d'upgrade. De nombreuses entreprises ne le font pas et cela nuit à leur taux de conversion.

C'est un gain rapide. Certains usagers feront une mise à niveau simplement parce que vous le leur aurez demandé. Compte tenu du nombre de produits gratuits sur le marché, il est possible que certains utilisateurs n'aient même pas réalisé que votre produit disposait de fonctionnalités supplémentaires dont ils pourraient bénéficier.

Le courriel d'upgrade de Zapier, un produit freemium, en est un bon exemple:

●　●　●

Votre essai se termine demain

Bonjour [Prénom], c'est Wade,

Votre essai gratuit de 14 jours des services premium de Zapier prend fin demain (24 2020 à 18 h 31 CST). Cela signifie que vous n'aurez plus accès aux Zaps à plusieurs étapes, aux applications premium (comme Salesforce, Zendesk, PayPal et autres) ou aux autres fonctionnalités payantes.

Une fois votre période d'essai terminée, vous passerez au plan gratuit de Zapier. Ce plan comprend 5 Zaps, 100 tâches mensuelles et des mises à jour toutes les 15 minutes.

Tous les flux de travaux qui ne respectent pas les limites de votre plan seront désactivés. Mais si vous voulez créer des automatisations à plusieurs étapes ou utiliser d'autres fonctionnalités premium, vous pouvez passer à un plan premium.

En savoir plus sur les plans premium

Merci d'avoir essayé Zapier !

Wade Foster
Co-fondateur et PDG de Zapier

P.S. Si vous n'avez pas eu assez de temps pour essayer Zapier au cours des deux dernières semaines, répondez simplement à ce courriel pour me le faire savoir et nous pourrons prolonger votre essai.

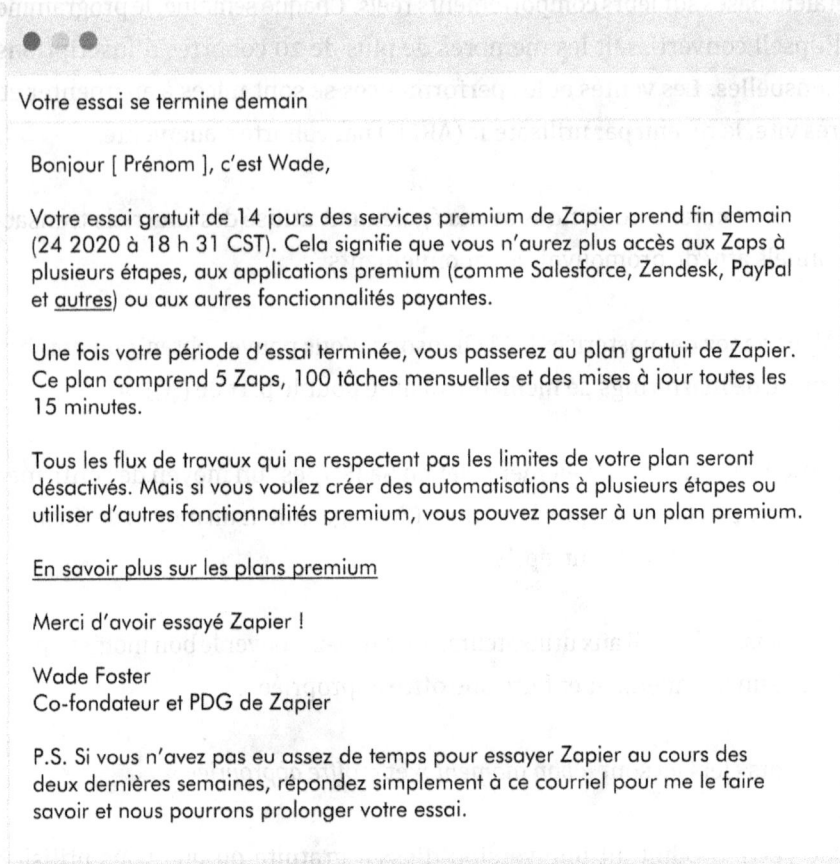

Figure 43.3 – Le courriel d'upgrade de Zapier

Comme Zapier, vous pouvez utiliser l'aversion à la perte[103] à votre avantage. Les gens ont intrinsèquement peur de perdre quelque chose qu'ils possèdent déjà. S'il y a un sentiment d'appartenance créé, il est possible de donner envie aux utilisateurs de vouloir « récupérer les fonctionnalités ». Si les utilisateurs sont actifs, un simple courriel devrait suffire.

Pour que votre courriel soit efficace, proposez l'abonnement le plus approprié en fonction des besoins ou de l'utilisation de vos utilisateurs.

De nombreuses entreprises tentent de maximiser leurs revenus en faisant constamment la promotion de leurs plans les plus onéreux, mais il est généralement plus efficace de proposer le plan qui cadre le mieux avec les besoins de l'utilisateur visé. Un forfait plus cher peut engendrer de la frustration et éventuellement inciter certains utilisateurs à se désabonner lorsqu'ils réalisent qu'ils paient pour des fonctionnalités dont ils n'ont pas besoin.

Autrement, s'il n'est pas possible de faire la promotion d'un plan en fonction du niveau d'engagement de l'utilisateur et des fonctionnalités utilisées, proposez votre plan le plus populaire.

Certains utilisateurs achèteront, d'autres non.

Arrêtez les upsells lorsque les utilisateurs s'abonnent. Transférez-les vers vos séquences de rétention, ou vers les « voies ferrées » les plus appropriées en fonction de la structure de votre programme.

S'ils n'achètent pas, recommencez la mise en valeur de votre produit. *Utilisent-ils toujours votre produit ?* Essayez de surmonter leurs objections, de leur montrer d'autres bénéfices (ou une valeur différente) du produit, et essayez à nouveau de les convaincre en changeant d'angle.

Différents types d'utilisateurs répondront à différents types d'argumentaires. Ceux-ci peuvent inclure :

- une quantification de la valeur (par exemple « vous économiserez 700 $ par an ») ;
- une approche directe ;
- des réductions ; ou
- des études de cas (etc.).

FreshBooks, créateur d'un produit de facturation et de comptabilité populaire, tente plusieurs approches dans le cadre de son essai gratuit.

Trouvez le plan idéal pour votre entreprise

FRESHBOOKS
cloud accounting

Il vous reste 16 jours avant la fin de votre période d'essai. <u>Mettez à niveau maintenant</u>

Bonjour à vous,

Comment se passe votre essai gratuit ? Avec seulement 16 jours restants, vous en êtes déjà à la moitié. Rendez service à votre moi futur et mettez à niveau dès maintenant pour pouvoir continuer à utiliser FreshBooks sans interruption. Les abonnements commencent à partir de15 $ seulement et sont dotés de nombreuses fonctionnalités pour vous aider à obtenir vos paiements plus rapidement. De plus, vous ne commencerez pas à payer avant la fin de votre période d'essai de 30 jours.

Lite
$15 USD par mois

- Facturez jusqu'à 5 clients actifs
- Factures et devis illimités
- Suivi du temps et des dépenses
- Acceptez les paiements en ligne

<u>Sélectionnez</u> →

Plus
$25 USD par mois

- Facturez jusqu'à 50 clients actifs
- Toutes les fonctionnalités de Lite
- Rappels de paiement automatiques
- Programmation des factures récurrentes
- Envoyer des propositions

<u>Sélectionnez</u> →

Premium
$50 USD par mois

- Facturez jusqu'à 500 clients actifs
- Toutes les fonctionnalités Lite
- Toutes les fonctionnalités Plus

<u>Sélectionnez</u> →

Vous ne savez pas quel plan est le plus approprié pour votre entreprise ? Je me ferai un plaisir de vous aider. Appelez-moi (ou l'un de mes collègues) au <u>1-866-303-6061</u> ou <u>envoyez un courriel.</u>

À la prochaine,

Rachel Guloien
Rockstar du support

Figure 43.4 – Courriel d'upgrade de FreshBooks 1

Avez-vous vu ce que FreshBooks pouvait vous apporter ?

FRESHBOOKS
cloud accounting

Il vous reste 9 jours d'essai.
Mettez à niveau maintenant

FreshBooks + Vous
= Succès

Il vous reste 9 jours d'essai, mais nous espérons que vous êtes déjà convaincu. Avec FreshBooks dans votre camp, vous pourrez :

✓ **Envoyer rapidement des factures de qualité professionnelle**

✓ **Conserver des notes de frais précises pour les impôts**

✓ **Vous faire payer plus rapidement en acceptant les cartes de crédit**

Alors, qu'en dites-vous ? Vous êtes prêt à débuter ?

Sélectionner un plan

Vous avez encore besoin de temps pour tout essayer ? Pas besoin de vous presser, il vous reste encore 9 jours d'essai. De plus, il existe des ressources pratiques comme le Centre de formation, les FAQs et l'équipe de support FreshBooks qui peuvent vous aider à tirer le meilleur parti du reste de votre période d'essai.

Vous avez une question ?
Appelez l'équipe de support FreshBooks au 1-866-303-6061 ou envoyez un courriel.

Il vous reste 4 jours d'essai

FRESHBOOKS
cloud accounting

Il reste 4 jours avant la
fin de votre période d'essai
Mettez à niveau maintenant

Votre moi futur vous remerciera
Mettez à niveau aujourd'hui et obtenez 35 % de réduction pendant 3 mois*.

La vérité : Beaucoup de petites entreprises échouent. Soyez l'exception. Des factures professionnelles au suivi automatique des dépenses, FreshBooks vous offre les outils qui vous permettront de réussir.

La décision vous appartient : Êtes-vous prêt à prospérer ?

Pour vous aider à faire le bon choix, FreshBooks vous offre **35 % de réduction pendant 3 mois** si vous effectuez une mise à niveau aujourd'hui. **Avec des plans commençant à seulement 9,75 $*,** il n'y a pas de meilleur moment.

[Mettez à niveau dès maintenant]

Vous voulez entendre le meilleur ? Vous ne commencerez pas à payer avant la fin de votre période d'essai. Votre moi futur vous en remerciera.

Besoin d'aide pour choisir un plan ?
Appelez l'équipe de support FreshBooks au 1-866-303-6061 ou envoyez un courriel.

Figure 43.6 – Courriel d'upgrade de FreshBooks 3

Il y a beaucoup à apprendre de leur séquence d'upgrade.

Au-delà de l'upgrade initiale et des courriels d'expansion de la valeur, il est conseillé de créer des upsells pour vos différentes cohortes d'utilisateurs.

Comme nous avons fait chez LANDR, vous devez identifier les signaux susceptibles d'indiquer que les utilisateurs obtiennent de la valeur du produit. Ces signaux peuvent inclure :

- une activation rapide ;
- une utilisation fréquente du produit ;
- des évaluations NPS positives (il a été démontré que le NPS est fortement corrélé aux revenus d'expansion) ;
- une utilisation récente du produit ;
- utilisation fréquente des fonctionnalités premium, comme la *value metric* de votre produit ;
- visites fréquentes des pages de tarification ou de paiement ;
- engagement élevé vis-à-vis des courriels ou communications ;
- demandes de fonctionnalités ;
- utilisation régulière ;
- bouche à oreille positif ;
- utilisation continue après la résiliation d'un abonnement ;
- utilisation des fonctionnalités payantes durant la période d'essai.

Ces signaux peuvent vous aider à comprendre qui, au sein de votre base d'utilisateurs, est le plus susceptible de s'abonner. Une fois que vous avez identifié quelques signaux clairs, vous pouvez démarrer la création de votre programme, par exemple :

- Jour 122 : Tentative d'upsell ;
- Jour 182 : Tentative d'upsell (+60) ;
- Jour 242 : Tentative d'upsell (+60) ;

· Jour 302 : Tentative d'upsell (+60), et ainsi de suite.

Afin d'éviter les chevauchements et de vous assurer que vous essayez de vendre à tous les utilisateurs qualifiés, il est préférable de définir des dates clefs pour envoyer vos courriels d'upsell en fonction des actions effectuées par vos utilisateurs. Changez vos arguments, abordez le concept différemment et évaluez les performances.

L'une des principales erreurs commises par les nouveaux spécialistes du marketing par courriel est d'envoyer trois ou quatre courriels de vente à la suite. Au maximum, 20 % de vos courriels devraient être consacrés à la vente. Veillez donc à équilibrer la valeur livrée à l'utilisateur et la valeur commerciale.

Il vous faudra faire des tests auprès de votre base d'utilisateurs, mais parfois, tout ce dont ils ont besoin, c'est une incitation. Vous pouvez utiliser des courriels transactionnels pour inciter vos utilisateurs. Les courriels récapitulatifs, les courriels en *boucle* ou même les reçus de transaction peuvent vous permettre de promouvoir les abonnements. Mettez en évidence les principaux avantages et trouvez des façons de les démontrer si possible.

Zapier avertit les usagers freemium lorsqu'ils atteignent 80 % de la capacité d'une métrique mesurée faisant partie de leurs abonnements. Il s'agit d'un simple rappel, qui permet d'inciter les utilisateurs à passer à la version supérieure sans avoir à offrir un rabais quelconque.

• • •

[Action nécessaire] - Vous êtes presque à la limite de vos tâches Zapier

[Prénom],

Une simple mise en garde : Vous avez maintenant dépassé 80 % de votre limite de tâches Zapier pour cette période de facturation. Lorsque vous atteindrez 100 % de votre limite, nous commencerons à retenir vos tâches. Les tâches retenues seront enregistrées dans votre <u>historique des tâches,</u> mais ne seront pas complétées tant que vous n'aurez pas mis à niveau votre compte.

Pour vous assurer que vos Zaps continuent à fonctionner, nous vous recommandons de mettre votre plan à niveau.

> Mettre mon compte à niveau

Si vous avez des questions, consultez notre <u>documentation d'aide</u>. Ou répondez à ce courriel, nous serons heureux de vous aider !

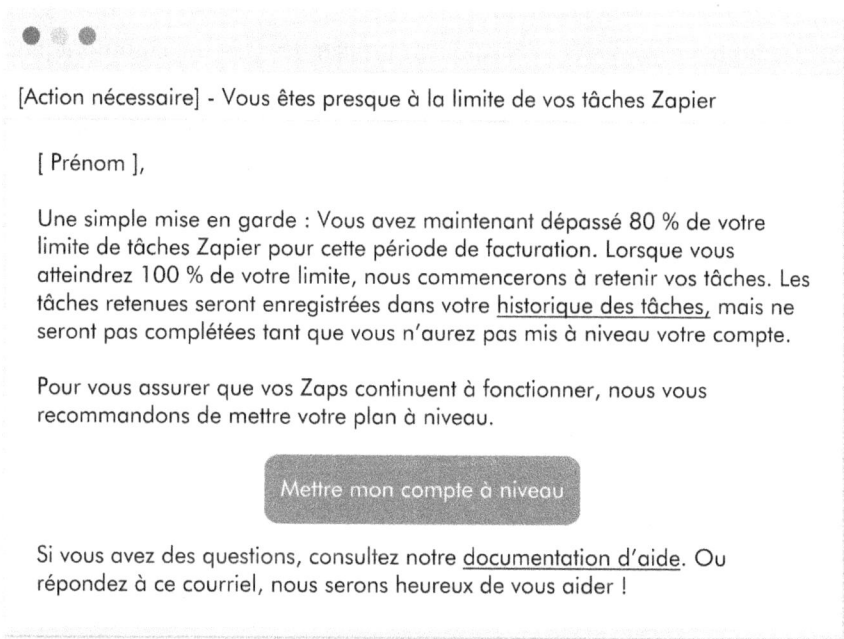

Figure 43.7 – Le courriel d'upgrade de Zapier (freemium)

Quelques éléments à prendre en compte concernant les courriels d'upgrade et d'upsell :

- **Le produit d'abord** : Si votre produit est mauvais et que vous n'arrivez pas à obtenir des ventes, les courriels d'upgrade n'en augmenteront pas les ventes comme par magie. Vous devez commencer par améliorer votre produit.
- **Contextuel, c'est mieux** : Un courriel ajoute une étape supplémentaire à la conversion. Si les utilisateurs passent déjà beaucoup de temps dans votre produit et que son contexte est susceptible de favoriser les conversions, les upsells intégrées au produit seront plus efficaces. Vos utilisateurs seront déjà plus près de la ligne d'arrivée. Les messages In-App, les fenêtres contextuelles ou des messages affichés à l'intérieur de votre produit vous permettront de stimuler les ventes. Plus ils seront

contextuels, mieux ce sera.

- **Démontrez la valeur** : Vous pouvez utiliser des CTA qui communiquent les principaux bénéfices de votre application, des témoignages de clients qui mettent en évidence la valeur du produit, ou comparer les résultats obtenus avec ou sans upgrade. Il existe de nombreuses façons d'inciter les utilisateurs à acheter un abonnement. Envisagez différents scénarios.
- **Ne dévalorisez pas votre produit** : Les réductions et les offres peuvent être utilisées comme justification pour l'envoi de courriels d'upsell. Toutefois, à la longue, les remises nuisent à la fidélisation de vos clients et à votre capacité de monétiser votre produit. C'est pourquoi vous devez être stratégique avec les réductions afin d'éviter de *dévaloriser* vos abonnements[104]. Faites en sorte que les utilisateurs *aient mérité* leurs rabais. Utilisez-les avec modération pour inciter les utilisateurs à franchir la ligne d'arrivée.
- **Réductions appropriées au bon moment** : Si vous décidez d'utiliser des réductions, 10 à 20 % est généralement le minimum pour inciter les utilisateurs à agir. Sauf si votre produit est très cher, des réductions de moins de 10 % ne suffiront pas à inciter les utilisateurs à acheter. Vous devriez utiliser 30 % pour des ventes spéciales, et 40-50 % uniquement pour les clients qui ont déjà acheté, comme des utilisateurs ayant résilié un abonnement, ou pour des promotions exceptionnelles ou exclusives. En général, les utilisateurs qui *nécessitent* une réduction afin d'acheter sont souvent les mauvais clients.
- **Tester les upsells est facile** : Les upsells sont assez simples à tester. Vous avez un objectif clair (c'est-à-dire un achat), vous pouvez surveiller les revenus et les ventes. Vous pouvez également effectuer des tests A/B en fonction de votre message et de l'offre choisie.

Commencez par un courriel d'upgrade de base. Poursuivez avec l'ajout de courriels d'upsell. Évaluez la possibilité d'ajouter des CTA d'upgrade dans vos courriels transactionnels. À partir de là, élargissez votre champ d'action pour augmenter vos revenus.

Votre courriel d'upgrade sera essentiel. Affinez-le avant de pousser votre programme trop loin.

N'attendez pas qu'une seule campagne génère tous vos revenus. Ce sont les performances *combinées* de plusieurs campagnes qui aident à générer des revenus prévisibles.

Commencez à cartographier le parcours de vos clients et les chemins vers les upgrades. Il est possible de pousser très loin les séquences d'upgrade, d'upsell et d'expansion des revenus, comme nous l'avons clairement fait.

44

Séquences de rétention

Beaucoup d'entreprises SaaS se concentrent sur l'acquisition et la monétisation. L'un fait croître la base d'utilisateurs, tandis que l'autre augmente les revenus. Avec plus de revenus, vous pouvez investir davantage dans les publicités, la stratégie de marque et l'acquisition. Vous pouvez également faire grandir votre équipe. Cependant, ce qui tue le plus souvent les entreprises SaaS, c'est la rétention, la capacité à susciter un renouvellement et à faire croître de manière constante la valeur vie client. Avec une meilleure rétention, vous obtenez davantage de revenus par utilisateur, vous créez une plus grande prévisibilité et vous pouvez investir davantage dans l'acquisition de clients en sachant que vous vous appuyez sur de solides économies unitaires[105].

Une bonne fidélisation indique que votre base de clients est saine, que votre produit est apprécié, que vous vous démarquez de la concurrence et que vous pouvez fixer vos propres tarifs.

En SaaS, les annulations ou les désabonnements neutralisent la croissance. Vous pouvez conclure 10 000 $ de nouvelles ventes chaque mois, mais si le taux d'attrition des revenus mensuel, c'est-à-dire la valeur en dollars des comptes clients résiliés ou abandonnés, est également de 10 000 $, votre entreprise ne progresse pas.

En d'autres termes, si vous démarrez l'année avec 100 clients et que vous perdez 5 % de ces clients chaque mois (un taux d'attrition mensuel de 5 %), votre entreprise perdra 46 clients au cours de l'année (un taux d'attrition annuel de 46 %). Pour croître d'un seul client, vous devrez acquérir au moins 47 nouveaux clients au cours de l'année. Un défi très difficile à surmonter.

Selon l'investisseur David Skok[106], le taux d'attrition des meilleures entreprises se situe entre 5 et 7 % par an, soit environ un client sur 200 par mois. En fonction de votre produit et de votre marché, il est possible d'atteindre ce taux, et le courriel peut être un facteur important de votre processus de fidélisation.

Alors, *comment augmenter la rétention ?*

La meilleure façon d'améliorer la rétention passe par votre produit, en mettant l'accent sur la façon dont il apporte de la valeur à vos clients et la communique. Votre produit est l'élément clef pour lequel vos clients s'abonnent.

Les courriels, les messages texte et les notifications poussées nécessitent l'attention des utilisateurs, l'ouverture, la lecture et les clics. De ce fait, ils constituent des outils plus *indirects* pour influencer le comportement des utilisateurs. Alors que, initialement du moins, votre produit *a* l'attention de vos clients.

Pour ce qui est de la rétention, votre objectif est d'améliorer la courbe de rétention.

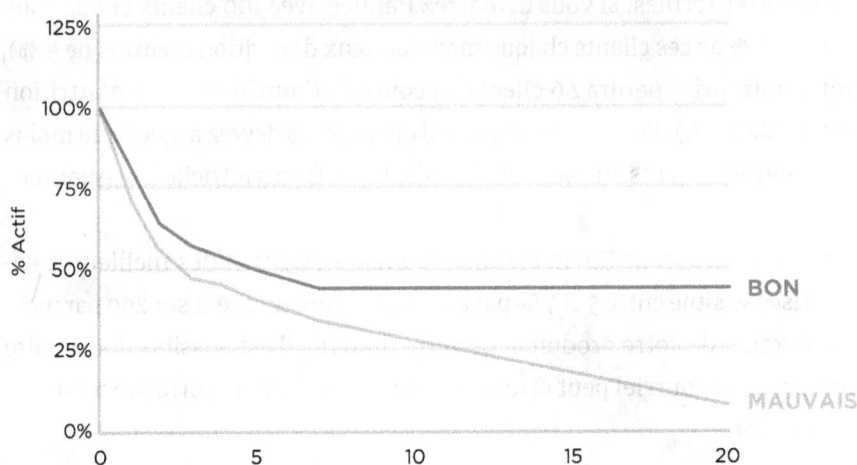

Figure 44.1 - Aplatissement de la courbe de rétention

Comme le dit l'expert en croissance entreprise Brian Balfour[107] : « *L'impor-tant est qu'elle (la courbe de rétention) s'aplatisse.* »

Les courriels et autres communications *font partie* de votre service. Ils peuvent avoir un impact important sur le taux d'attrition et la durée de vie des clients, en particulier lorsqu'ils sont utilisés en conjonction avec de *bonnes* améliorations du produit.

Pour utiliser le courriel afin de réduire le taux d'attrition, vous devez d'abord comprendre quel type de produit vous avez en face de vous.

Votre produit est-il naturellement utilisé :

- *Tous les jours ?*
- *Une fois par semaine ?*
- *Une fois par mois ?*
- *De temps à autres (épisodique) ?*

Les produits épisodiques tels que SurveyMonkey ou LANDR - le mastering de la musique étant traditionnellement associé à la sortie des albums tous les ans ou tous les deux ans – ne sont pas des candidats *naturels* pour les abonnements. En raison de leur utilisation irrégulière, ces produits se prêtent souvent mieux aux modèles de revenus transactionnels ou à la demande, comme les ventes uniques. Cela ne signifie pas que les abonnements ne peuvent pas fonctionner pour ces entreprises mais que la stratégie de fidélisation posera certains défis.

La compréhension du cycle d'utilisation de votre produit permet de fixer des attentes réalistes quant à la rétention. Vous pourrez ainsi mieux comprendre le type de programme de courriel que vous devez mettre en place et la quantité de *sollicitation* qui sera nécessaire.

En effet, si votre produit suscite un engagement quotidien naturel, vous n'aurez peut-être pas besoin de beaucoup de courriels pour améliorer la rétention. Par contre, si les clients utilisent votre produit une fois par an ou tous les trois mois, il sera difficile de faire fonctionner les abonnements mensuels.

Seriez-vous prêt à acheter un logiciel de préparation des impôts sous forme d'abonnement mensuel ? Probablement pas.

Au-delà de l'onboarding – l'élément de votre produit qui a le plus grand impact sur la fidélisation – il existe à la fois des moyens directs et indirects d'améliorer la fidélisation.

1. Abonnements annuels

La façon la plus simple et la plus directe d'améliorer la rétention est d'augmenter le nombre d'abonnés annuels. Plus d'abonnés annuels signifie plus de liquidités à court terme et une augmentation de la valeur vie client (CLV).

Voici quelques moyens pour y parvenir :

- **Proposer par défaut l'abonnement annuel** : Chez LANDR, cette initiative a permis à elle seule d'augmenter la proportion d'abonnements annuels et les revenus des ventes d'abonnements hebdomadaires.
- **Offrir des bénéfices additionnels (et valorisés) exclusivement sur les plans annuels** : Il peut être intéressant d'encourager l'achat d'abonnements annuels. Les rabais peuvent fonctionner, mais l'ajout de fonctionnalités et de bénéfices additionnels est souvent encore plus efficace.
- **Proposer aux abonnés mensuels actifs de passer à un abonnement annuel** : Ou, si l'écart de coûts est trop important, proposer des abonnements trimestriels ou semestriels.

Les clients qui souscrivent à un abonnement mensuel disposent de 12 moments de décision où ils peuvent choisir d'annuler leur abonnement chaque année. Cela signifie qu'ils reçoivent 12 factures, soit 12 rappels de désabonnement. S'ils tirent profit de leurs abonnements, il est tout à fait logique pour eux de passer à un abonnement annuel.

Chez LANDR, nous avons eu beaucoup de succès en utilisant des effets de levier. Par exemple : « Vous avez déjà payé 30 % du coût d'un abonnement annuel, si vous passez à un plan annuel aujourd'hui, nous vous offrirons 30 % de réduction sur un abonnement annuel. »

Dans le cas d'abonnés mensuels engagés, vous n'aurez peut-être même pas besoin d'offrir un rabais.

Podia positionne son offre simplement comme « Obtenez deux mois gratuits », ce qui, comme le souligne Christoph Engelhardt, spécialiste du marketing par courriel, est 20 % plus efficace à convertir que l'annonce d'une réduction équivalente de 17 %[108].

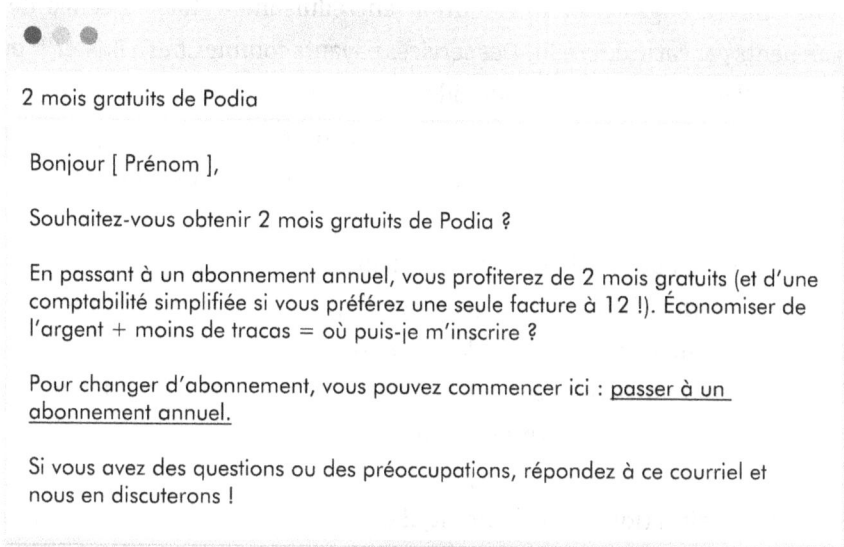

Figure 44.2 - Courriel d'upsell de Podia

Dans ce cas, Podia souligne également que les abonnements annuels perme-ttent de simplifier la comptabilité (un bénéfice supplémentaire !).

Pour ce type de campagne, il est nécessaire de faire en sorte que le processus d'upgrade soit aussi rapide et efficace que possible. Si vous le pouvez, offrez une solution facile, en un clic, pour passer à la facturation annuelle. Le gain en taux de conversion en vaudra largement l'investissement.

2. Attrition des cartes de crédit et des paiements

En SaaS, 20 à 40 % des désabonnements sont souvent imputables aux problèmes de cartes de crédit et de paiement[109].

Il existe plus de 130 raisons pour lesquelles les cartes de crédit échouent au-delà de leur expiration. Plus votre entreprise se développera, plus il va devenir difficile pour vous de gérer tous les scénarios d'échecs de paiements.

Vous pouvez augmenter la rétention en réduisant le taux d'échec des paiements par carte de crédit. Des services payants comme Churn Buster[110] ou ProfitWell Retain[111] peuvent vous aider à y parvenir. Cependant, l'utilisation de ces services entraîne généralement l'ajout d'un fournisseur supplémentaire à votre programme, ce qui n'est pas toujours une bonne idée.

Si vous êtes capable d'acheminer les principaux problèmes de paiement vers votre plateforme de marketing par courriel, ce qui peut être complexe, il vous sera possible de mettre en place des courriels de relance ou d'échec de paiement pour vous aider à corriger les principaux scénarios : paiements échoués, cartes de crédit expirées, fonds insuffisants, etc.

Lorsque ces situations se présentent, il est souvent judicieux de suspendre les autres campagnes de courriel ainsi que l'abonnement de l'utilisateur afin d'attirer son attention.

Cette approche nécessite un certain investissement, mais réduire les désabonnements de 20 à 40 % peut en valoir le coup. Surtout si l'on considère que seulement 5 % de ces désabonnés se réabonnent après un désabonnement pour cause de paiement[112].

3. Communication de la valeur

Vous pouvez également améliorer la rétention en rappelant à vos utilisateurs la valeur qu'ils obtiennent *déjà* de votre produit. Un excellent moyen d'y parvenir est de recourir aux courriels transactionnels – les courriels que plusieurs entreprises négligent.

Parmi les bons candidats, citons :

- les courriels de réussite ;
- les courriels de type « boucle » ;
- les courriels récapitulatifs.

Chez LANDR, nous envoyions des courriels de téléchargement chaque fois qu'un utilisateur *masterisait* une chanson. Nous envoyions ainsi des centaines de milliers de courriels chaque semaine. C'était une opportunité majeure de rappeler aux abonnés la valeur qu'ils obtenaient grâce à leur abonnement, en soulignant les modifications importantes que LANDR apportait à leurs compositions.

Si vous n'avez pas de courriel en boucle similaire, vous pouvez en créer un. LinkedIn, par exemple, utilise le concept inventé des anniversaires professionnels à des fins d'engagement. Et cette technique a grandement fonctionné pour eux.

Votre équipe pourrait-elle créer un courriel « boucle » similaire ?

Un excellent exemple de courriel récapitulatif vient de TextExpander, une application de productivité que j'utilise.

Votre rapport mensuel de TextExpander

Bonjour [Prénom],

Rappel de paiement :

Ceci est un simple rappel que votre facturation annuelle est prévue dans les **30 prochains jours.**

Voici comment vous avez utilisé TextExpander au cours du dernier mois :

787
snippets développés

1h 26m
économisée

Vous vous débrouillez bien, continuez ainsi !

Voici quelques ressources qui vous donneront des idées pour créer encore plus d'extraits de code.

Consultez **nos groupes publics** afin de trouver d'autres groupes d'extraits de code prêts à l'emploi que vous pouvez utiliser.

Nous avons beaucoup d'idées pour de nouveaux extraits de code dans notre **centre de conseils.**

TextExpander regorge de fonctionnalités intéressantes pour vous aider à automatiser votre flux de saisie. Nos **vidéos** vous en diront plus.

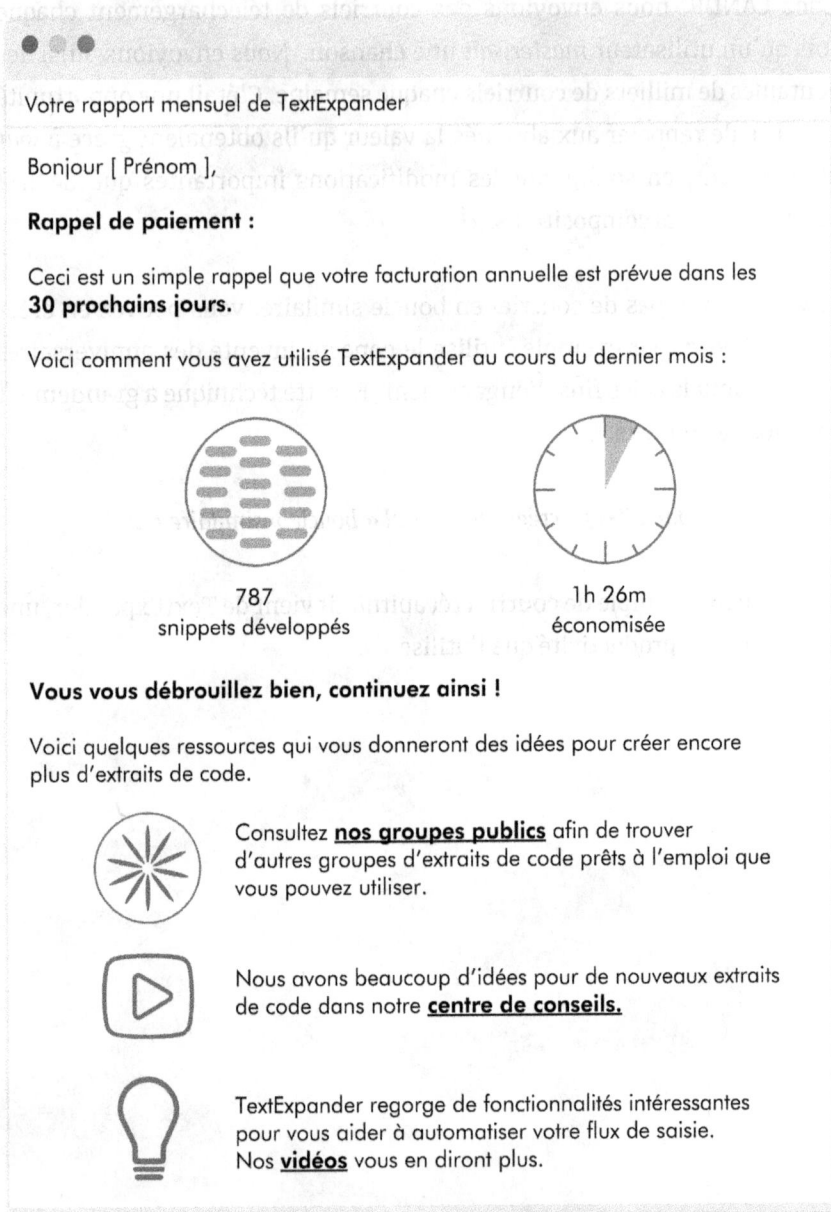

Figure 44.3 - Le courriel récapitulatif de TextExpander

Chaque mois, ce courriel me fournit des informations que je n'ai pas. En un coup d'œil rapide, je peux évaluer que le produit vaut bien les 40 dollars que je dépense pour mon abonnement annuel.

Pour les produits B2B, les courriels de rapport visent généralement davantage à démontrer la valeur du produit à des collègues ou à des gestionnaires. Ce sont les courriels que l'entrepreneur Patrick McKenzie appelle courriels « Get Promoted »[113].

4. Lancements de nouvelles fonctionnalités

Comme l'indique une étude de ProfitWell[114], les éléments qui ont le plus d'influence sur le Net Promoter Score sont :

- la marque ;
- le service à la clientèle ; et
- la vitesse à laquelle sont lancées les nouvelles fonctionnalités.

En tant que client de plusieurs produits analytiques et de courriel chez Highlights et LANDR, je peux en attester.

Lorsqu'il manque à un produit une fonctionnalité que vous espérez voir ajoutée par la compagnie, et que vous avez l'impression que celle-ci livre constamment de nouvelles fonctionnalités, vous n'avez *généralement pas* à vous demander si vous devriez changer de produit. Vous pouvez simplement vous attendre à ce que la compagnie finisse par répondre à vos besoins.

Les courriels de lancement de nouvelles fonctionnalités peuvent aider à 1) démontrer un certain momentum et 2) mettre en évidence une valeur nouvelle ou différente dans le produit.

Ce qui importe est de créer une certaine cadence, un rythme qui communique des améliorations chaque semaine, chaque mois ou chaque trimestre.

Naturellement, il ne faut pas présenter toutes les fonctionnalités à tous les abonnés. La segmentation est un élément clef de cette stratégie.

Dans son livre, *Intercom on Product Management*[115], Intercom partage le modèle suivant concernant le lancement de nouvelles fonctionnalités et de nouveaux produits :

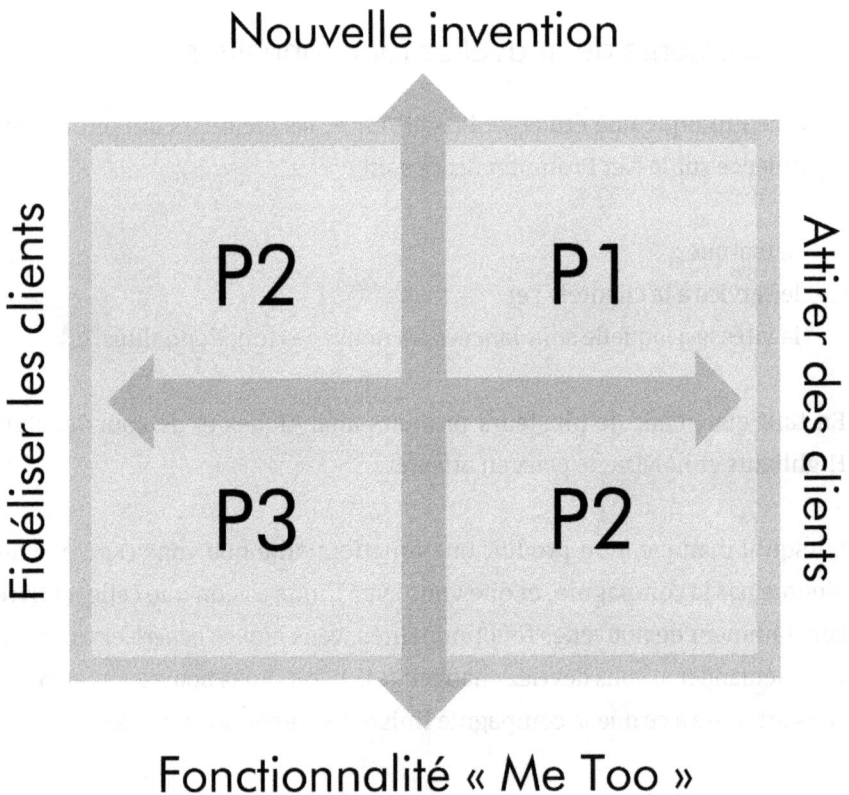

Nouvelle invention

P2   P1

Fidéliser les clients   Attirer des clients

P3   P2

Fonctionnalité « Me Too »

Figure 44.4 – Les groupes de fonctionnalités d'Intercom

	P1	P2	P3	P4
Page de modifications	✓	✓	✓	✓
Messages In-App	✓	✓	✓	
Page de destination	✓	✓		
Couverture de presse	✓	✓		
Courriel	✓	✓		
Vidéo	✓			

Figure 44.5 – Priorité de lancement des fonctionnalités d'Intercom

Dans leur modèle :

- Les P1 sont les plus grandes annonces. Elles présentent les meilleures opportunités d'attirer de nouveaux clients. Il est donc important de les crier sur tous les toits.
- Les P2 sont les nouvelles solutions aux problèmes existants. Elles sont surtout utiles pour les clients actuels. Ce sont des fonctionnalités importantes, mais il est peu probable qu'elles persuadent de nouveaux utilisateurs d'utiliser votre produit plutôt qu'une autre solution.
- Les P3 sont les améliorations que vous apportez pour combler les lacunes de votre produit, ou simplement pour l'améliorer. Il est probable que les clients existants les aient demandées. Dans ce cas, il est judicieux de communiquer principalement avec les utilisateurs qui ont demandé ces fonctionnalités.

Créez votre propre stratégie. Établissez une cadence en organisant des lancements de fonctionnalités autour de vos fonctionnalités P1 et P2. Un lancement par mois peut déjà contribuer à créer un certain momentum.

Racontez une histoire à chaque lancement. Précisez la valeur pour vos abonnés.

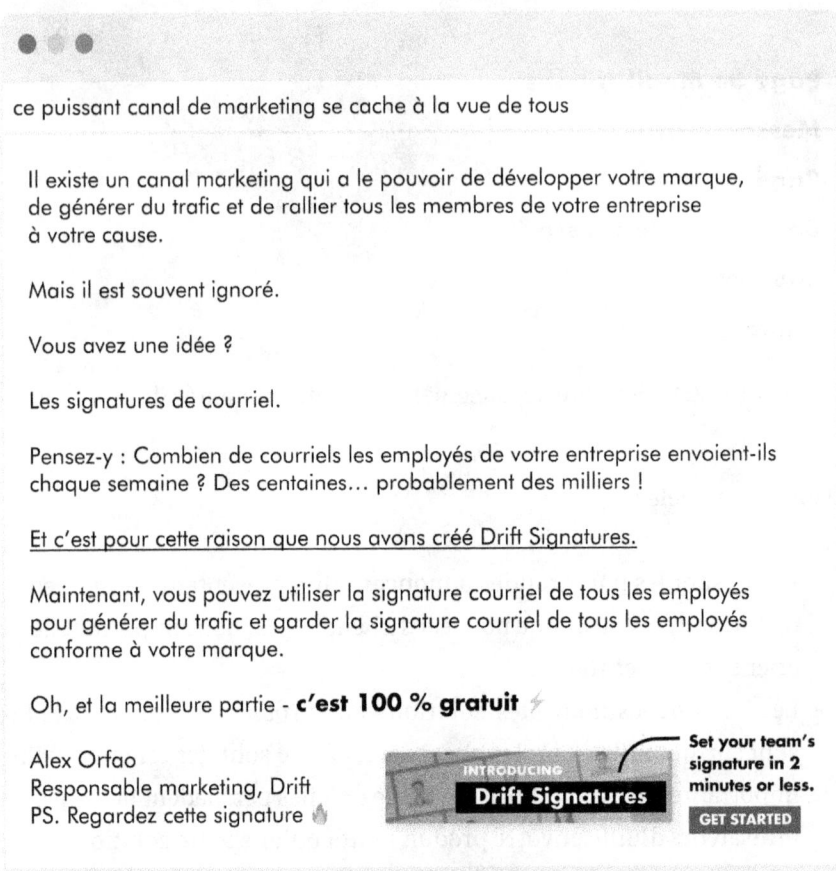

ce puissant canal de marketing se cache à la vue de tous

Il existe un canal marketing qui a le pouvoir de développer votre marque, de générer du trafic et de rallier tous les membres de votre entreprise à votre cause.

Mais il est souvent ignoré.

Vous avez une idée ?

Les signatures de courriel.

Pensez-y : Combien de courriels les employés de votre entreprise envoient-ils chaque semaine ? Des centaines... probablement des milliers !

Et c'est pour cette raison que nous avons créé Drift Signatures.

Maintenant, vous pouvez utiliser la signature courriel de tous les employés pour générer du trafic et garder la signature courriel de tous les employés conforme à votre marque.

Oh, et la meilleure partie - **c'est 100 % gratuit** ⚡

Alex Orfao
Responsable marketing, Drift
PS. Regardez cette signature 🔥

INTRODUCING
Drift Signatures

Set your team's
signature in 2
minutes or less.
GET STARTED

Figure 44.6 – Courriel de lancement de fonctionnalités de Drift

Une autre approche consiste à faire la promotion de fonctionnalités que vos utilisateurs *n'utilisent pas* encore, mais qu'ils apprécieraient probablement.

De nouvelles découvertes peuvent susciter le même effet chez vos abonnés : vous leur donnez de nouveaux superpouvoirs :

« Wow, je ne savais pas que [Produit] pouvait faire ça. »

Pour cette raison, je suis un grand partisan de l'automatisation des courriels de lancement au-delà de leur date de lancement initiale.

Les nouveaux utilisateurs n'auront pas eu la même expérience avec votre entreprise. Vous pouvez utiliser les courriels afin de les aider à mieux comprendre la valeur du produit.

5. Contenus et communications supplémentaires

Pour améliorer encore la rétention, réfléchissez au-delà de votre produit.

Comment pouvez-vous aider vos clients à atteindre les résultats qu'ils visent ? Quoi d'autre valorisent-ils ? Du contenu ? Du divertissement ? Des opportunités de réseautage ? Des rabais sur des produits complémentaires ? Des récompenses ?

Chez LANDR, comme le produit n'avait pas beaucoup de fonctionnalités, nous devions souvent nous concentrer sur la promotion des avantages *entourant* le produit (la communauté, les conseils, le support, etc.). Nous avons créé LANDR Select, l'infolettre des abonnés premium, afin d'augmenter la valeur perçue de l'abonnement. Cette infolettre proposait des contenus de qualité supérieure créés à l'usage exclusif des abonnés. Notre objectif avec cette infolettre était de créer *l'impression* d'un déballage de produit.

Les bénéfices peuvent prendre toutes les formes et toutes les tailles. Vous pouvez augmenter la perception de la valeur en offrant des services sup-plémentaires, des offres spéciales, des possibilités de promotion ou de collaboration, du contenu ou des informations exclusives, l'accès à des communautés privées, des invitations à des événements, etc.

Cartographier le cycle de vie des abonnements de vos clients vous permettra de trouver des façons d'augmenter la valeur perçue par ces derniers. Vos courriels pourront ensuite communiquer cette valeur.

6. Les communications produit

Le courriel n'est qu'un moyen parmi d'autres de communiquer avec vos clients. Il existe plusieurs autres canaux que vous pouvez utiliser pour renforcer la valeur de votre produit : préchargeurs, coachmarks, messagerie instantanée, fenêtres contextuelles, visites guidées, notifications, messages texte, messages In-App, etc.

Changer de canal peut aider à rafraîchir le message et à le rendre intéressant.

Chaque canal a ses avantages et ses inconvénients. Le programme de fidélisation idéal doit intégrer le produit, les messages In-App et les courriels.

Pensez de manière holistique et utilisez :

· les courriels transactionnels ;
· les préchargeurs ;
· les messages de succès ;
· les suivis du support ;
· les FAQs ;
· les contacts de l'équipe de réussite des clients ;
· ou toute autre méthode de communication.

Il y a toujours une occasion de communiquer la valeur que vos abonnés retirent de votre produit si vous y réfléchissez. Soyez créatif.

Quelques éléments à prendre en compte lors de l'élaboration de votre séquence de rétention :

· **La fidélisation est notoirement difficile à tester** : Le cycle d'évaluation pour tout test que vous effectuez prendra au moins un mois (abonnements mensuels), mais pourrait prendre beaucoup plus de temps si vous désirez obtenir une signification statistique.

- **L'attribution va être difficile** : Il ne sera pas facile d'attribuer l'impact d'expériences ou de communications spécifiques sur la rétention. Votre courriel d'onboarding a-t-il amélioré la rétention ou est-ce dû à l'équipe chargée de la gestion de la réussite des clients ?
- **Privilégiez l'ouverture des courriels** : Vous aurez des difficultés à évaluer l'impact du produit, du support et des courriels sur la rétention. Concentrez-vous presque exclusivement sur les clients qui ouvrent et interagissent avec vos communications. Par exemple, parmi tous les nouveaux clients qui ont ouvert votre courriel de bienvenue, combien ont terminé toutes les étapes d'onboarding dans les 7 premiers jours ? 14 jours ? 30 jours ?

La perception de la valeur a tendance à diminuer avec le temps. Pour améliorer la rétention, vous devez constamment rappeler à vos clients la valeur que leur apporte votre produit. Cela vaut aussi bien pour les abonnements mensuels que pour les abonnements annuels. N'attendez pas la fin de l'année pour relancer vos abonnés annuels : il sera peut-être déjà trop tard !

L'un des vilains secrets du SaaS est la non-consommation. De nombreux produits ont des clients zombies[116] : des clients qui paient mais qui n'utilisent pas réellement le produit. C'est l'une des raisons pour lesquelles des produits comme Spendesk, qui sont conçus pour faire le suivi des abonnements au sein des entreprises, gagnent en popularité.

Vous pourriez décider d'avertir les utilisateurs lorsqu'un paiement approche, mais cette stratégie peut souvent entraîner des annulations. Bien qu'il s'agisse d'une façon plus *juste* de développer votre entreprise, cela peut avoir des effets négatifs. J'ai déjà entendu les deux côtés de cet argument.

Peu importe ce que vous décidez de faire, vous devez éviter les rétrofacturations. Les rétrofacturations peuvent entraîner des frais supplémentaires et nuire à la cote de crédit de votre entreprise.

Comme le dit l'expert en croissance d'entreprise Sean Ellis[117], dans le domaine du SaaS, la création de valeur est le moteur de croissance durable.

Vous devez vous concentrer sur la création de valeur, puis sur sa communication.

Commencez par les courriels d'abonnements annuels. Identifiez les *boucles* et les automatisations qui vous permettent d'améliorer la communication de la valeur. Puis, développez à partir de là.

45

Séquences de recommandation

Une bonne séquence NPS peut vous aider à capturer et à exploiter les rétroactions des utilisateurs, à obtenir des évaluations de produits et à générer de nouvelles acquisitions en haut de l'entonnoir.

Votre séquence NPS sera basée sur le Net Promoter Score®, un outil de gestion conçu pour évaluer la loyauté des clients, développé en 1993 par Frederick Reichheld et popularisé en partie par Harvard[118].

Les sondages Net Promoter Score sont désormais la norme dans plus de deux tiers des entreprises du Fortune 1000[119]. Le NPS n'est en aucun cas une mesure parfaite[120], mais sa corrélation avec la satisfaction et la fidélité a été démontrée.

Si le NPS a été si largement adopté, c'est en partie parce qu'il est facile de recueillir et d'analyser les réponses.

Vous connaissez certainement la question principale des sondages NPS :

> *« Quelle est la probabilité que vous recommandiez [Entreprise/Pro-duit/Service] à un ami ou un collègue ? »*

Lorsque vous créez un sondage NPS, c'est généralement une bonne idée de poser une question de suivi afin de saisir le raisonnement de la personne interrogée :

« Pourquoi avez-vous attribué cette note ? »

Chez LANDR, il y a quelques années, nous avons construit un système backend pour créer des sondages. Le but était de pouvoir intégrer le NPS - ou toute autre sondage - directement dans le corps des courriels ou dans des messages In-App. Ensuite, lorsque les utilisateurs cliquaient sur des liens, leurs réponses étaient envoyées dans notre base de données. Pour le NPS en particulier, le système transmettait les réponses à notre plateforme de courriel, Intercom, et calculait les pointages pour créer des rapports. Le système a donné d'excellents résultats, mais c'était une solution extrêmement complexe.

Je ne recommanderais vraiment pas de faire cela aujourd'hui.

Selon toute vraisemblance, votre séquence de recommandation devra être envoyée parallèlement et en complément de votre séquence de rétention. Votre objectif sera de pouvoir prendre différents échantillons au cours de la durée de vie d'un client pour en évaluer sa fidélité.

Pour commencer à élaborer votre séquence, examinez les étapes clefs et essayez de cibler les plus fortes augmentations de désabonnement.

Vous devriez commencer au cours du premier mois d'abonnement – trois semaines après l'achat – afin de pouvoir faire le suivi de vos abonnés et vous permettre de rectifier le tir si les évaluations NPS sont plus faibles que prévu.

Voici ce à quoi pourrait ressembler votre séquence si vous désirez prendre plusieurs échantillons :

- Jour 23 : Sondage NPS ;
- Jour 26 : Suivi NPS (+3) ;
- Jour 76 : Sondage NPS (+50) ;
- Jour 168 : Sondage NPS (+92) ;
- Jour 231 : Sondage NPS (+63), etc.

Chez LANDR, nous envoyions des sondages au premier, troisième, sixième et huitième mois.

Le premier mois en particulier, cela peut être une bonne idée d'envoyer un rappel 2-3 jours après le premier courriel si les utilisateurs n'ont pas ouvert ou répondu au sondage.

En SaaS, les sondages NPS visent l'action, pas seulement l'évaluation.

Dans le cadre du sondage, vous recueillerez une série de pointages :

- **0 à 6** : Détracteurs, *susceptibles* de se désabonner ;
- **7 ou 8** : Passifs, qui ne se soucient pas beaucoup ou pas du tout de votre produit ;
- **9 ou 10** : Promoteurs ou supporteurs qui pourraient être enclins à référer votre produit à d'autres personnes.

Ces résultats peuvent servir de points de départ à vos questions de suivi et à vos séquences de courriels. Chaque note peut être traitée différemment. Par exemple, vous pouvez demander aux Détracteurs « *Quelle est la raison principale de votre évaluation ? »*.

Avec les Passifs, vous pouvez demander « *Que pouvons-nous faire pour améliorer notre service ? »*.

Pour les Promoteurs, vous pouvez poser les questions suivantes : « *Quel [bénéfice/fonctionnalité] appréciez-vous/utilisez-vous le plus ? »* ou « *Quel est, selon vous, le plus grand bénéfice que vous avez retiré de [produit] ? »*

Les Détracteurs et les Passifs peuvent également être de bons candidats pour des entrevues afin d'apprendre comment améliorer votre produit.

En vous basant sur les informations recueillies grâce aux réponses de suivi, vous pouvez apprendre comment améliorer l'expérience produit, puis tenter de corriger le tir à l'aide de séquences de courriels ciblées.

D'une manière générale, l'objectif sera d'*amadouer* les Passifs, de *convaincre* les Détracteurs et de *maximiser la contribution* de vos Promoteurs.

Maximiser la contribution des Promoteurs peut être réalisé en :

- **demandant des avis** sur G2Crowd, GetApp, Capterra, Google, Trustpilot, ou tout autre site pertinent dans votre secteur, ou en demandant des témoignages, des recommandations ou des études de cas en B2B.
- **demandant des recommandations directes**, qu'il s'agisse d'un message publié sur leurs réseaux sociaux, d'inviter des amis ou des collègues à utiliser le produit, ou de fournir des liens promotionnels qui les aident à générer des revenus d'affiliation.

Airbnb a notamment créé un programme de parrainage bilatéral très efficace, basé sur le principe que les deux parties – le parrain et l'invité – gagneraient de l'argent[121]. Nous avons essayé de faire la même chose chez LANDR, mais nous n'avons pas eu beaucoup de succès.

Pour que ce type d'approche fonctionne :

- vos utilisateurs doivent avoir leur propre audience ; et
- ils doivent être motivés par l'idée de gagner davantage d'argent.

Ce n'est pas toujours le cas.

Selon une étude de Nielsen, 92 % des consommateurs font confiance à une recommandation de personnes qu'ils connaissent[122].

Ce qui est bien avec les recommandations, c'est qu'elles peuvent avoir un effet cumulatif en attirant de nouveaux utilisateurs qui ne sont pas naturellement liés à votre base d'utilisateurs. La création d'une séquence de recommandation est beaucoup plus facile qu'auparavant. Des plateformes d'automatisation du marketing, comme par exemple Autopilot, Drip, Hub-Spot, Intercom et Marketo, ont des fonctionnalités intégrées conçues pour capter les réponses des sondages NPS.

Il existe également des outils pour réaliser des sondages NPS, comme Wootric[123], Delighted[124], Promoter.io[125], AskNicely[126] ou Survicate[127], qui peuvent s'intégrer à votre plateforme de marketing par courriel ou être utilisés en parallèle. Nombre de ces outils vous permettront de générer des rapports complets et d'envoyer les réponses à Slack ou à d'autres outils de messagerie instantanée. Le NPS de votre entreprise, qui varie de -100 à +100, doit être calculé d'une manière particulière. Il existe des calculateurs gratuits en ligne que vous pouvez utiliser afin de faire les calculs.

Alors, *à quoi doit ressembler votre séquence ?*

Si la plupart de vos abonnés utilisent votre produit quotidiennement ou hebdomadairement, vous pouvez décider de réaliser votre sondage NPS via un message In-App.

Si l'utilisation est hebdomadaire ou mensuelle, ou si une grande partie de vos abonnés ne sont pas très engagés, le courriel sera plus approprié.

Les sondages via les messages In-App seront plus rapides, plus directs, et vous permettront d'obtenir un taux de réponse plus élevé. Le courriel, par contre, vous permettra d'atteindre les utilisateurs hors site.

Vous pourriez également définir des règles d'automatisation afin de déterminer qui recevra un message dans l'application et qui recevra un courriel. Dans ce cas, vous devez vous assurer que les utilisateurs sont exclus de vos séquences de suivi NPS lorsqu'ils ont déjà répondu au sondage.

Si vous êtes en B2B, il peut être judicieux d'interroger à la fois les utilisateurs finaux (les personnes qui utilisent le produit le plus fréquemment) et les clients (les personnes qui gèrent le compte). L'écart entre leurs évaluations pourra vous aider à comprendre la dynamique dans leur entreprise et à adapter vos communications en conséquence.

Commencez par rédiger votre premier message. Testez différentes lignes d'objet. Étant donné que le contenu du courriel sera toujours le même et que vous ne voulez pas lasser vos utilisateurs, il peut être judicieux de changer vos lignes d'objet d'un courriel à l'autre.

Voici quelques lignes d'objet que vous pouvez essayer :

- « [Prénom] avez-vous un moment ? » ;
- « Aidez-nous à lire vos pensées sur [Produit] » ;
- « J'ai une question sérieuse à vous poser... » ;
- « Aidez-nous à améliorer [Produit] en répondant à ce sondage » ;
- « [Prénom], aidez-nous à améliorer [Produit] ! » ;
- « question rapide » ;
- « J'ai besoin de votre avis ! ».

Gardez votre courriel clair et droit au but avec de grandes zones de clics afin de réduire la friction pour les utilisateurs.

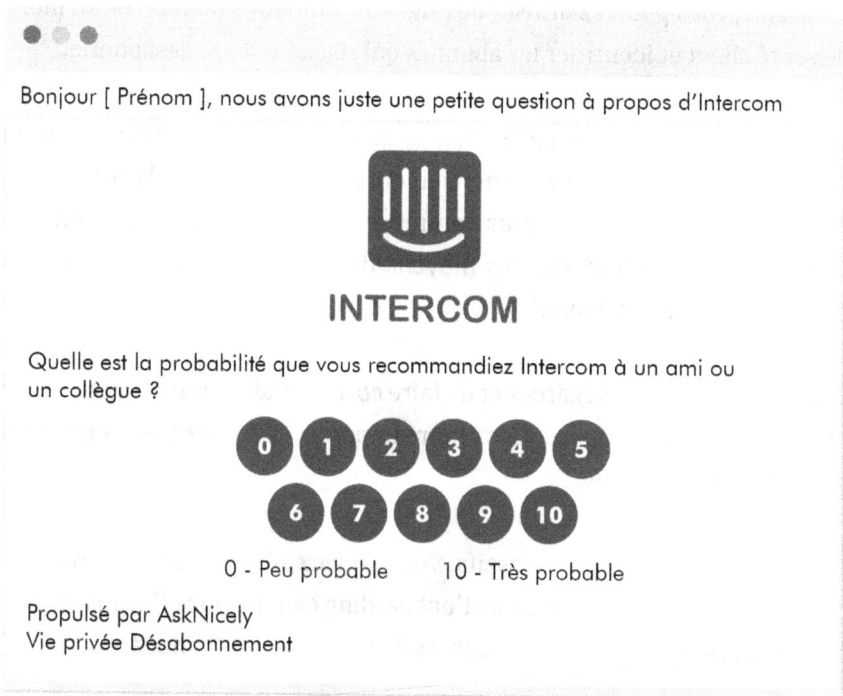

Figure 45.1 - Courriel de sondage NPS d'Intercom

Contactez tous vos abonnés le 23ème jour de leur abonnement. Si vous n'obtenez pas de réponse, relancez-les avec le même courriel en changeant l'objet 2-3 jours plus tard.

Gardez un œil sur les évaluations faibles. Vous pouvez demander à votre équipe de support ou celle de gestion de la réussite client de contacter ces usagers afin de les ré-engager.

Un des problèmes que vous remarquerez est qu'un grand nombre de vos abonnés les plus désengagés ne répondront tout simplement pas au sondage. Cela peut être un signe révélateur qui peut vous aider à anticiper les désabonnements.

À l'avenir, vous pourrez utiliser des signaux similaires pour créer un indice de santé client et identifier les abonnés qui risquent de se désabonner.

En fonction de la plateforme que vous utilisez, vous pourrez mettre en place un suivi de sondage et des remerciements directement via la plateforme. Sinon, il peut être un peu plus complexe de faire le suivi et de gérer les évaluations, mais il existe des moyens de contourner ce problème, par exemple en utilisant Zapier[128].

Votre capacité de sauvegarder et de faire correspondre les données avec les profils d'utilisateurs appropriés va être importante. Assurez-vous que cette opération est réalisable.

Pour les Détracteurs et les Passifs, vous pouvez entreprendre l'expansion de la valeur, une prolongation de l'onboarding comme nous l'avons vu dans l'analyse immersive sur les séquences de bienvenue et d'onboarding.

Pour les Promoteurs, vous pouvez leur proposer un programme de parrainage comme celui de Podia.

● ● ●

Gagnez de l'💰 en référant des créateurs à Podia

Bonjour [Prénom],

Notre objectif numéro un chez Podia est d'aider les créateurs comme vous à gagner de l'argent.

Vous connaissez déjà notre plateforme de vente en ligne, mais aujourd'hui, je veux partager une autre façon de le faire.

Il s'agit du programme « Refer-a-Creator », qui vous permet de gagner de l'argent en référant vos amis à Podia.

Vous gagnez une commission de 30 % chaque mois où le créateur que vous avez recommandé demeure avec nous.

Cela signifie que si vous nous envoyez un créateur qui paie 79 $ par mois, vous gagnerez 26,30 $ par mois !

Vous pouvez constater que le fait de recommander quelques créateurs peut rapidement représenter une somme importante.

Voici ce que Becky Mollenkamp, une cliente de Podia et l'un de nos partenaires de parrainage, dit du programme :

« J'adore être une affiliée de Podia. Le programme est incroyablement généreux et simple à utiliser et à comprendre. Le service à la clientèle de Podia est toujours de premier ordre et il en va de même pour la façon dont ils traitent leurs affiliés. »

Il est facile de s'inscrire comme partenaire de Refer-a-Creator. Il suffit de cliquer ici pour commencer.

Si vous avez des questions, répondez à ce courriel et faites-le-moi savoir.

Au revoir,
Len

Figure 45.2 – Courriel du programme de parrainage de Podia

Alternativement, vous pouvez solliciter des avis sur votre produit ou des invitations d'amis ou collègues. Il peut être pertinent d'alterner les demandes au fil du temps afin de maximiser la contribution de vos Promoteurs.

Il est également judicieux de surveiller les écarts d'évaluation via les analytiques, votre système de sondage NPS, ou peut-être même les segments que vous avez créés dans votre plateforme de marketing par courriel.

Si votre produit est freemium, vous pouvez également sonder les utilisateurs actifs de votre plan gratuit. En leur demandant de vous recommander, vous pourrez générer de la valeur additionnelle de votre offre gratuite. C'est l'une des principales façons dont des produits comme Zoom et Slack ont crû au fil des ans.

La séquence de recommandation vous permettra d'alimenter votre moteur de recommandation et de recueillir des données utiles pour votre entreprise. Elle peut également aider à créer une meilleure expérience client et à amplifier vos efforts de croissance.

C'est définitivement une étape incontournable.

46

Séquences de réactivation

Malheureusement, même avec le meilleur programme de courriel, les utilisateurs et les clients ne demeureront pas tous fidèles.

Avec le taux moyen de conversion gratuit-payant qui oscille autour de 4 %[129], il est en fait très probable qu'au fil du temps votre base d'utilisateurs finisse par être envahie d'utilisateurs désengagés. Peut-être que ces utilisateurs n'avaient aucun besoin de votre produit, peut-être que vous n'avez pas réussi à en communiquer la valeur, peut-être ont-ils trouvé une autre solution, ou peut-être ont-ils tout simplement oublié votre produit. Quelle que soit la raison, il est 6 à 8 fois moins dispendieux de fidéliser ses utilisateurs et clients actuels que d'en acquérir de nouveaux[130].

Selon Kissmetrics, le taux d'inactivité moyen d'une liste est d'environ 60 %[131]. Après avoir analysé six milliards de courriels, MailChimp est arrivé à la conclusion qu'en moyenne 7 % du revenu global d'une entreprise provient de ses utilisateurs inactifs[132].

Donc, une fois que vous avez couvert les autres séquences principales (onboarding, upsell, rétention et recommandation) et que 30 % ou plus de vos utilisateurs sont désengagés, il peut être judicieux de travailler sur votre séquence de réactivation.

Devriez-vous essayer de réactiver tous vos anciens utilisateurs ?

Une bonne métrique permettant d'évaluer la réactivation des utilisateurs est le taux de reconquête. Celui-ci peut être perçu comme un taux d'activation pour les utilisateurs qui sont déjà inscrits.

Les utilisateurs qui se sont inscrits n'étaient pas nécessairement tous de bons clients potentiels. Les utilisateurs que vous voulez absolument tenter de réactiver sont ceux qui ont démontré *un vrai intérêt* à utiliser votre produit, ou du moins qui *auraient dû* le faire.

Ces usagers peuvent être :

- des utilisateurs qui ont été actifs ;
- des utilisateurs qui ont utilisé votre produit pendant la période d'essai ;
- des utilisateurs qui ont déjà été engagés ou actifs ;
- des utilisateurs qui ont *clairement* obtenu de la valeur de votre produit ;
- les anciens abonnés payants ;
- les utilisateurs qui correspondent au profil de vos clients idéaux.

Nous avons déjà abordé la question des upsells dans l'analyse immersive consacrée aux upgrades, upsells et aux revenus d'expansion, mais en vérité, à moins que vos utilisateurs aient déjà eu un abonnement, il est peu probable qu'ils achètent à froid.

Il est donc préférable de commencer par leur faire découvrir la valeur de votre produit et de les fidéliser *avant* d'essayer de leur vendre un abonnement.

Le facteur temps est important en ce qui concerne le désengagement, mais ce n'est pas le facteur le plus important. La durée peut dicter ce que vos utilisateurs ont manqué et le souvenir qu'ils auront gardé de votre produit. Mais leurs intérêts et les résultats qu'ils souhaitent obtenir vont jouer un rôle encore plus déterminant quant à savoir s'ils vont reprendre l'utilisation de votre produit. Il est possible que les objectifs, les intérêts ou les priorités de ces utilisateurs aient changé, mais s'ils ouvrent toujours vos courriels, il est probable que les problèmes que votre produit adresse sont toujours d'actualité.

Vous pouvez concevoir la création d'une séquence de réactivation comme une suite de sondes destinées à vous aider à mieux comprendre le niveau de désengagement de vos utilisateurs.

Plus vous êtes en mesure de vous adapter à la réalité actuelle des utilisateurs désengagés, plus vous avez de chances de les convaincre de donner une deuxième chance à votre produit.

Lorsque vous entreprenez la mise en place de votre séquence de réactivation, il peut être bon de segmenter vos utilisateurs désengagés par tranches de 90 jours, soit :

- les utilisateurs qui n'ont pas *utilisé* votre produit au cours des derniers 90 jours ;
- les utilisateurs qui n'ont pas utilisé votre produit au cours des 91 à 180 derniers jours ;
- les utilisateurs qui n'ont pas utilisé votre produit au cours des 181 à 270 derniers jours, etc.

Les utilisateurs appartenant à chacun de ces segments ont eu une expérience différente avec votre produit. Notez que l'action clef ici est « *l'utilisation* ». La notion d'utilisation doit être définie en fonction de la façon dont votre produit est typiquement utilisé.

Ainsi, en examinant chaque segment d'utilisateurs désengagés, posez-vous les questions suivantes :

- *Quel est le pourcentage d'utilisateurs qui sont toujours intéressés par notre* marque ? (p. ex. ils ouvrent vos courriels, interagissent avec vos publicités, écrivent à votre équipe support, lisent vos articles de blogue, etc.)

- *Pouvez-vous déduire quoique ce soit de leur comportement ? Quels sont leurs centres d'intérêt ?*
- *Disposez-vous de données historiques concernant leurs objectifs ou leurs intérêts ?*
- *Avez-vous appris quelque chose sur leurs besoins depuis leur départ ?*
- *Est-il utile de créer une segmentation supplémentaire afin de répondre à ces intérêts ?*

Plus votre segmentation s'accorde avec leurs intérêts, plus il y a de chances qu'ils veuillent s'engager.

Pour réactiver vos utilisateurs, essayez les étapes qui suivent.

1. Le courriel de rattrapage

Qu'est-ce qui a changé depuis leur dernière utilisation de votre produit ?

Si vous avez régulièrement amélioré votre produit (ce que vous devriez faire), vous devriez être capable d'identifier quelques ajouts ou améliorations clefs depuis la dernière utilisation de votre produit par ces utilisateurs.

Évaluez les changements pour chacun de vos segments. Identifiez les changements les plus pertinents en fonction des intérêts de chaque segment. Pour que vos courriels soient lus, ils doivent être pertinents.

Adressez-vous directement aux usagers. Créez un courriel qui met en évidence les améliorations et mises à jour effectuées à votre produit depuis qu'ils ont cessé de l'utiliser.

Ces utilisateurs connaissent le contexte produit, vous pouvez donc leur parler différemment. Soyez très humain et expliquez clairement comment les changements vont les aider à atteindre leurs objectifs.

Si les utilisateurs ont cessé d'utiliser le produit en raison de l'absence de certaines fonctionnalités, ou s'ils ont fait des demandes de fonctionnalités, vous pouvez utiliser ces informations pour personnaliser davantage vos courriels. Plus vos courriels sont personnels, plus ils risquent d'être efficaces.

Si vous êtes en B2B et que vous ciblez des clients potentiels, envisagez de faire l'envoi manuel de courriels proposant une démo afin de présenter les améliorations.

L'utilisateur moyen d'un téléphone portable aux États-Unis reçoit 46 notifications par jour[133]. Il est fort probable qu'un grand nombre de vos utilisateurs sont devenus insensibles aux courriels et aux notifications.

Évaluez les performances de reconquête de vos courriels en fonction d'une action clef dans votre produit, outre la connexion.

Si le taux d'objectif des abonnés ouvrant vos courriels est supérieur à 5 ou 10 %, mais que le taux d'ouverture est faible (10 % ou moins), songez à réaffecter votre courriel afin de cibler les utilisateurs sur d'autres canaux de communication.

Peut-être pouvez-vous utiliser des messages texte pour mobiliser vos utilisateurs ? Ou peut-être pouvez-vous les rejoindre sur Twitter ? Ou peut-être encore pouvez-vous faire une campagne de re-marketing ou de reciblage sur Facebook, Instagram, AdRoll, ou sur un autre réseau ? Les plateformes publicitaires comme Facebook vous permettent de téléverser des listes d'adresses courriel afin de cibler des segments précis d'utilisateurs. Ce type de campagne peut s'avérer très efficace.

2. Introduire de nouvelles valeurs ajoutées

Au cours de l'analyse immersive sur la rétention, nous avons vu que des communications et contenus additionnels peuvent être utilisés afin de faire croître la perception de la valeur d'un produit. Ce type de campagnes peut également être utilisé pour la réactivation.

Vous avez peut-être créé un livre numérique (ebook) qui peut aider à résoudre un problème connexe de vos utilisateurs ?

Peut-être y a-t-il une communauté privée qu'ils pourraient rejoindre ?

Peut-être pouvez-vous leur offrir un rabais sur un autre produit qui pourrait leur être utile ?

Pensez au-delà de votre produit. N'investissez pas trop dans la création de nouveaux contenus ou bénéfices. Laissez d'abord ce type de stratégie faire ses preuves.

Assurez-vous de sa pertinence. Écrivez un message simple. L'essentiel est de ramener les utilisateurs vers votre produit (si possible).

Vous pourrez ensuite utiliser des communications produit comme des messages In-App pour les inciter à tester diverses fonctionnalités.

3. Courriels de prolongation de période d'essai

Quand j'étais jeune, une chaîne de télévision câblée diffusait des films 24 heures sur 24, 7 jours sur 7. Chaque année, pendant un week-end complet, la chaîne offrait son service gratuitement à tous. Chaque année, lorsque nous apprenions la date, celle-ci devenait un sujet de discussion dans les cours d'école – pour nous, c'était vraiment un événement. Pendant tout le week-end, nous nous asseyions en famille et regardions six ou sept nouveaux films. C'était vraiment génial !

Malgré la croissance des services de téléchargement de films au fil des ans, cette stratégie a permis à cette chaîne d'acquérir de nouveaux clients et de demeurer pertinente.

On dit qu'une image vaut mille mots. Eh bien, parfois, essayer un produit – même un produit déjà utilisé – peut être beaucoup plus efficace que de simplement lire des informations à son sujet.

Lorsque les utilisateurs ont démontré leur intérêt pour votre produit, vous pouvez leur proposer un essai prolongé ou un essai premium. À ce stade, il n'y a pas grand-chose à perdre, donc votre offre peut être très généreuse.

Par exemple, Help Scout propose de prolonger son essai gratuit par trois fois la durée de l'essai normal[134] :

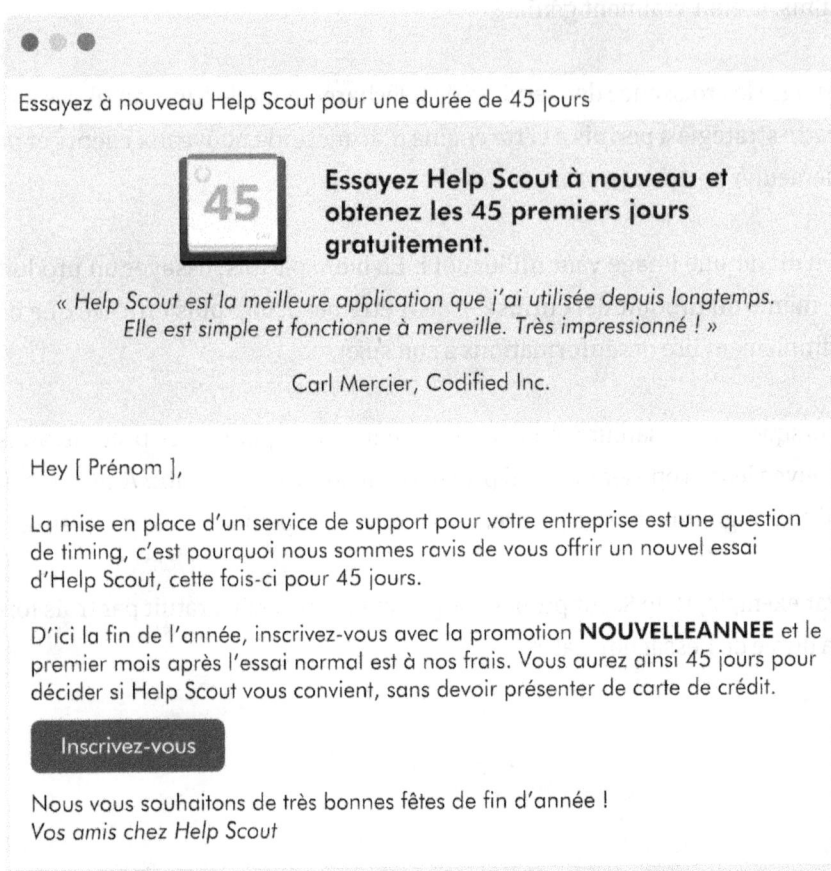

● ● ●

Essayez à nouveau Help Scout pour une durée de 45 jours

45

Essayez Help Scout à nouveau et obtenez les 45 premiers jours gratuitement.

« *Help Scout est la meilleure application que j'ai utilisée depuis longtemps. Elle est simple et fonctionne à merveille. Très impressionné !* »

Carl Mercier, Codified Inc.

Hey [Prénom],

La mise en place d'un service de support pour votre entreprise est une question de timing, c'est pourquoi nous sommes ravis de vous offrir un nouvel essai d'Help Scout, cette fois-ci pour 45 jours.

D'ici la fin de l'année, inscrivez-vous avec la promotion **NOUVELLEANNEE** et le premier mois après l'essai normal est à nos frais. Vous aurez ainsi 45 jours pour décider si Help Scout vous convient, sans devoir présenter de carte de crédit.

Inscrivez-vous

Nous vous souhaitons de très bonnes fêtes de fin d'année !
Vos amis chez Help Scout

Figure 46.1 - Courriel de prolongation d'essai d'Help Scout

Vous pouvez utiliser un courriel très simple pour cette offre.

Mentionner l'offre dans la ligne d'objet peut susciter la curiosité. Il est bon d'en faire une offre à durée limitée et de demander aux utilisateurs de confirmer leur intérêt en réalisant une action spécifique.

Selon Nick Francis, PDG de Help Scout, 10 à 20 % des personnes ayant abandonné leur essai s'inscrivent une deuxième fois suite à la réception de ce courriel. Le courriel de prolongation d'essai est un élément clef de leur processus de réactivation.

4. Courriels de rupture

Enfin, si tout le reste a échoué, vous pouvez envisager d'envoyer un dernier courriel.

Souvent appelé « Hail Mary » en anglais (solution de dernier recours), ce courriel est votre dernière chance de faire ressusciter les utilisateurs d'entre les morts.

Les courriels « Hail Mary » doivent créer une réaction de choc qui incite les utilisateurs à ouvrir le courriel et passer à l'action. Pour cela, les courriels de rupture fonctionnent bien.

L'idée générale est de signaler aux utilisateurs que leur compte sera résilié dans 5, 7, 12 ou 14 jours s'ils ne se réinscrivent pas. Le message doit être simple et direct. Assurez-vous que le contenu du message est clair depuis la boîte de réception, sans même devoir ouvrir le courriel.

Vous serez rapidement en mesure de déterminer lesquels de vos utilisateurs souhaitent réellement conserver leur compte.

> **Votre compte est sur le point d'être supprimé** 😞
>
> Comme vous n'avez pas utilisé votre compte eClincher au cours des 2 derniers mois, il est sur le point d'être supprimé (votre compte sera supprimé dans 14 jours à compter d'aujourd'hui).
>
> Si vous voulez éviter la suppression de votre compte, il suffit de vous connecter à eClincher.
>
> **Connexion à eClincher**
>
> N'hésitez pas à nous contacter via le tchat en direct d'eClincher.
>
> L'équipe eClincher.

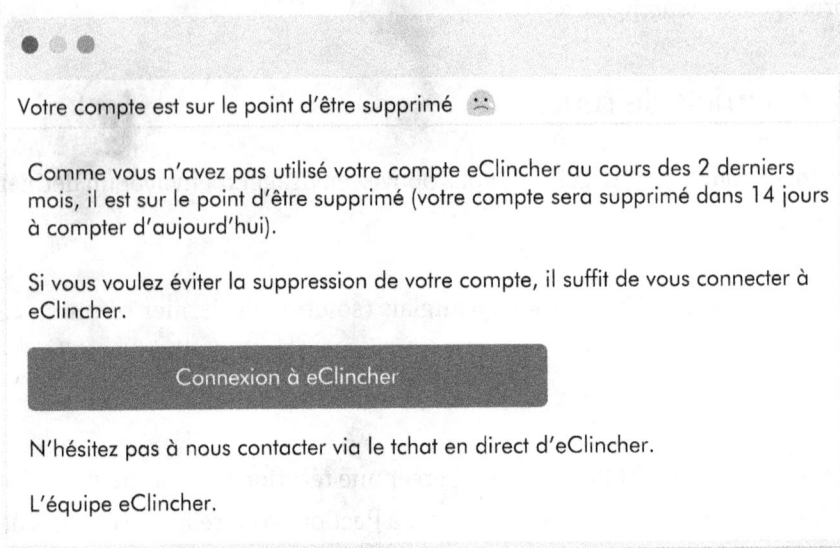

Figure 46.2 - Courriel de rupture d'eClincher

À la fin de la période de grâce, assurez-vous de réellement résilier leur compte. Il n'y a pas vraiment de raison de leur faire parvenir un courriel additionnel si vous leur avez déjà envoyé tous les courriels dans ce chapitre.

Testez les performances de chaque courriel par rapport à votre taux de reconquête. Lorsque les courriels commencent à générer de bons résultats, créez une séquence visant à réactiver les utilisateurs tous les 20 à 30 jours.

Veillez à supprimer les utilisateurs de votre séquence lorsqu'ils ont été réactivés. Une fois que vous avez envoyé la campagne complète à la totalité de votre base d'utilisateurs désengagée, pensez à l'automatiser après un certain nombre de jours d'inactivité.

La réactivation permet de boucler le cycle de vie de vos clients. Lorsque vous parviendrez à réactiver les utilisateurs de façon fiable, votre entreprise sera probablement en très bonne posture.

Prochaines étapes

Merci d'avoir lu *Le Guide de l'Email Marketing SaaS*.

Malheureusement, lire n'est pas la même chose qu'appliquer.

Afin de vous aider à appliquer les concepts présentés dans ce livre, j'ai créé une série de gabarits (questionnaire d'entrevues, reporting, liste de vérification avant l'envoi, etc.), des exemples de courriels efficaces, des vidéos étape par étape et une liste de lignes d'objet de courriels.

Vous pouvez télécharger ces ressources à l'adresse suivante : **saasplaybook.co/extras**

Travaillez avec moi

Vous voulez faire passer les choses au niveau supérieur ? Vous avez besoin d'une aide plus personnalisée ? Vous cherchez à vous développer et à accélérer la cadence ?

Chaque mois, j'aide une demi-douzaine d'entreprises SaaS à concevoir, affiner et optimiser leurs programmes d'email marketing. De la stratégie à l'exécution, en passant par la segmentation et l'évaluation, le travail permet d'enclencher une forte croissance pour ces entreprises.

Vous pouvez en apprendre davantage sur les services ou organiser un appel à l'adresse suivante : **saasplaybook.co/coach**

Lectures complémentaires

Une de mes principales motivations pour écrire *Le Guide de l'Email Marketing SaaS* provient du constat que, bien qu'il existe de nombreuses ressources sur le marketing par courriel disponibles sur Internet, très peu ont été écrites du point de vue des entreprises SaaS.

Lorsque nous avons commencé à travailler sur notre programme chez LANDR, nous avons dû élaborer nos propres processus et méthodologies. Cela a été au prix d'échecs, de longues heures et de recherches exhaustives sur internet.

Heureusement, il existe aujourd'hui un plus grand nombre de ressources disponibles sur le sujet.

Pour mieux comprendre l'email marketing SaaS, je vous invite à consulter les blogues suivants :

- Appcues (appcues.com) ;
- Customer-Centric Growth by Lincoln Murphy (sixteenventures.com) ;
- Fix My Churn (fixmychurn.com) ;
- Forget the Funnel (forgetthefunnel.com) ;
- Outfunnel (outfunnel.com) ;
- SaaS Email Marketing (saasemailmarketing.net).

Afin d'approfondir vos connaissances sur les concepts présentés dans ce livre, je vous recommande également de lire :

- *Hooked*, Nir Eyal ;
- *Intercom on Marketing, on Onboarding, on Product Management*, Intercom ;
- *Lean Analytics*, Alistair Croll and Ben Yoskovitz ;
- *Lean Startup*, Eric Ries ;
- *Product-Led Growth*, Wes Bush ;
- *Scientific Advertising*, Claude C. Hopkins ;
- *The Elements of User Onboarding*, Samuel Hulick ;
- *This Won't Scale*, Drift.

Glossaire

Abonné par courriel : Un prospect, un utilisateur ou un client qui autorise une entreprise spécifique à lui envoyer des courriels.

Acquisition d'utilisateurs : L'inscription d'un nouvel utilisateur. Il peut s'agir d'un nouvel utilisateur sur une version d'essai gratuite ou d'une version gratuite permanente.

ARPU (revenu moyen par utilisateur) : Le revenu moyen généré par utilisateur par mois.

ARPPU (revenu moyen par utilisateur payant) : Le revenu moyen généré par client par mois.

ARR (revenus annuels récurrents) : La valeur des revenus récurrents des abonnements à terme d'une entreprise normalisée à une seule année calendaire.

Automatisation du marketing : L'utilisation d'un logiciel pour automatiser les activités de marketing.

B2B (Business to Business) : Les entreprises qui vendent des produits principalement à d'autres entreprises, plutôt que de les vendre à des consommateurs.

B2C (Business to Consumer) : Les entreprises qui vendent leurs produits directement aux consommateurs.

CLV (valeur vie client) : Le montant prévu qu'un client dépensera pour votre produit ou service tout au long de la relation client.

Cohortes : Un groupe d'utilisateurs regroupé sur la base d'un attribut commun, par exemple le mois où ils se sont inscrits à un produit, la source par laquelle ils ont été acquis, etc.

Consommation de trésorerie : La vitesse à laquelle vos liquidités diminuent, généralement exprimée sur une base mensuelle.

Conversion : Chaque fois qu'un utilisateur franchit une étape de votre entonnoir, passant du statut de visiteur (qui vient de visiter votre site Web) à celui d'utilisateur (qui s'est inscrit), de client (qui vous paie de l'argent) à celui de recommandataire (qui vous aide à attirer de nouveaux utilisateurs).

Courriel à froid : Un courriel non sollicité qui est envoyé à un destinataire sans contact préalable. C'est l'équivalent courriel d'un appel à froid.

Courriels comportementaux : Les courriels automatisés envoyés aux destinataires en fonction de leurs actions et de leur comportement. Ces courriels sont parfois aussi appelés courriels de cycle de vie.

Courriels de cycle de vie : Les courriels automatisés envoyés aux destinataires en fonction de leurs actions et de leur comportement.

CTA (appel à l'action) : L'élément pour lequel vous voulez que les gens cliquent sur votre page ou dans votre courriel.

Désabonnement : Le nombre de clients ou d'abonnés qui cessent d'utiliser votre service pendant une période donnée.

Desired Outcome : Ce que le client veut accomplir indépendamment de votre produit et de la manière dont il doit l'accomplir.

Économie unitaire : Les revenus directs et les coûts associés, exprimés sur une base par utilisateur.

Essai gratuit : Une stratégie d'acquisition de clients qui fournit gratuitement un produit partiel ou complet aux clients potentiels pour une durée limitée.

Freemium : Une stratégie d'acquisition de clients qui donne gratuitement accès à une partie d'un produit logiciel à des clients potentiels sans limite de temps.

KPI (indicateur clef de performance) : Une métrique qui démontre l'efficacité avec laquelle une entreprise atteint ses principaux objectifs d'affaires.

Moment Aha : Le moment où les utilisateurs perçoivent pour la première fois la valeur ajoutée du produit.

MPA (Minimum Path to Awesome) : Le parcours optimal pour découvrir la valeur ajoutée d'un produit.

MRR (revenus mensuels récurrents) : Le montant du revenu mensuel des abonnements généré par vos clients.

NPS (Net Promoter Score) : Une méthodologie de sondage utilisée pour évaluer la satisfaction et la fidélité des clients.

Nurturing : Le processus d'entretien des relations avec les clients potentiels à chaque étape du processus de vente.

Onboarding : Le processus par lequel les nouveaux clients passent lorsqu'ils deviennent des clients.

Page de destination : Une page spécifique distincte de votre site Web principal qui a un objectif et un appel à l'action spécifique.

Parcours client : Une série de tous les points de contact qu'un client a avec une entreprise, une marque et un produit afin d'atteindre une certaine étape jalon.

PMV (Produit Minimum Viable) : La version d'un nouveau produit qui permet à une équipe de recueillir le maximum d'informations sur ses clients en déployant le minimum d'efforts.

QA (assurance qualité) : Une façon de prévenir les erreurs et les défaillances dans les produits et d'éviter les problèmes lors de la mise en place des produits chez les clients.

Réactivation : L'acte de reconquérir des utilisateurs ou des clients désengagés.

Rétention : Toute utilisation après l'utilisation initiale. La rétention est l'aspect le plus important de la réussite d'une entreprise SaaS.

Revenus d'expansion : Lorsque les clients payeurs augmentent le montant de leur abonnement.

ROI (retour sur investissement) : Une mesure de performance utilisée pour évaluer l'efficacité d'un investissement ou pour comparer l'efficacité de divers investissements.

SaaS (Software as a Service) : Modèle de licence et de livraison de logiciels dans lequel les logiciels sont fournis sous forme d'abonnement.

Taux d'activation : Le pourcentage d'utilisateurs qui réussissent à obtenir des résultats avec le produit.

Taux d'attrition des revenus : Le taux d'attrition mesuré par le montant en dollars des contrats perdus.

Taux de clics : Le rapport entre le nombre de personnes qui ouvrent un courriel et le nombre de personnes qui le cliquent.

Taux de livraison : Le pourcentage de courriels qui ont réellement été livrés dans les boîtes de réception des destinataires, calculé en soustrayant les rebonds temporaires et les rebonds définitifs du nombre brut de courriels envoyés, puis en divisant ce nombre par le nombre brut de courriels envoyés.

Taux de parrainage : Le pourcentage d'utilisateurs actuels qui recommandent le produit à de nouveaux utilisateurs.

Taux d'ouverture : Le pourcentage de personnes qui ouvrent vos courriels. Le taux d'ouverture est calculé en divisant le nombre de courriels ouverts par le nombre total de courriels envoyés, en excluant les messages rebondis.

Test A/B : Technique qui consiste à proposer plusieurs variantes d'un même élément qui diffèrent selon un seul critère (par exemple la ligne d'objet) afin de déterminer la version qui donne les meilleurs résultats auprès des consommateurs.

Trésorerie disponible : Le nombre de mois de trésorerie dont dispose l'entreprise pour fonctionner au taux actuel de dépenses.

TTV (Time to Value) : Le temps nécessaire à un nouvel utilisateur pour tirer profit d'un produit.

Value metric : La métrique qui correspond le mieux à la valeur que vos clients perçoivent de votre produit.

Notes

POURQUOI LE MARKETING PAR COURRIEL EST TOUJOURS IMPORTANT AUJOURD'HUI

1   https://litmus.com/blog/infographic-the-roi-of-email-marketing

2   https://coherentpath.com/rarelogic/blog/how-does-email-marketing-roi-compare-to-other-digital-channels

3   https://blog.hubspot.com/marketing/email-marketing-stats

4   https://www.useronboard.com/The-Elements-of-User-Onboarding-Intro.pdf

LE MARKETING PAR COURRIEL N'A PAS BESOIN D'ÊTRE COMPLIQUÉ

5   https://www.slideshare.net/dmc500hats/startup-metrics-for-pirates-long-version

COMPRENDRE VOS UTILISATEURS ET VOS CLIENTS

6   https://econsultancy.com/anti-personas-definition-benefits

DÉFINIR LES CHAMPS PERSONNALISÉS ESSENTIELS

7   250 attributs personnalisés (y compris les attributs archivés) au moment de la traduction de ce livre.

CRÉATION D'UN PLAN DE MISE EN ŒUVRE DES DONNÉES

8   https://segment.com/industry/startups

9   https://tagmanager.google.com

POURQUOI LA VITESSE EST SI IMPORTANTE

10 https://themeforest.net

RECHERCHE DE TEXTES ET DE DESIGNS DE COURRIEL

11 https://reallygoodemails.com

12 https://www.goodemailcopy.com

13 https://goodsalesemails.com

14 https://www.mailcharts.com

15 https://mailody.io

STRUCTURE ET RYTHME DES SÉQUENCES DE COURRIEL

16 https://meetedgar.com/blog/hacked-mailchimp-ab-test-automated-campaigns

RÉDACTION DE COURRIELS EFFICACES

17   https://fr.wikipedia.org/wiki/Syndrome_FOMO

18   https://fr.wikipedia.org/wiki/AIDA_(m%C3%A9thode)

RÉDACTION DE LA LIGNE D'OBJET

19   https://snov.io/blog/550-spam-trigger-words-to-avoid-in-2019

20   https://www.campaignmonitor.com/blog/email-marketing/2019/05/email-marketing-in-the-era-of-8-second-attention-spans

21   https://www.gethighlights.co/blog/emojis-in-subject-lines

22   https://sendcheckit.com/email-subject-line-tester

23   https://www.gethighlights.co/blog/email-subject-line-tester-olympics

24   https://kopywritingkourse.com/subject-line-generator-formula

FAIRE CECI AVANT D'ENVOYER UN COURRIEL

25   https://www.getyoursaasonboard.com/read/how-to-decide-which-emails-in-a-series-to-keep

MISE EN PLACE DES RAPPORTS

26   https://web.archive.org/web/20060207175958/http://www.mailchimp.com/screenshots/screen3.phtml

27   https://litmus.com/blog/infographic-the-2019-email-client-market-share

28   https://www.gethighlights.co

FAIRE LE SUIVI DE L'HYGIÈNE DES LISTES

29   https://www.senderscore.org

30   https://litmus.com/spam-filter-tests

31   https://www.emailonacid.com/spam-testing

32   https://documentation.mailjet.com/hc/en-us/articles/360043227913-What-is-a-good-unsubscribe-rate-

LE PROBLÈME ET LES LIMITES DES BENCHMARKS

33   https://mailchimp.com/fr/resources/email-marketing-benchmarks/

ÉVALUATION DE LA PERTINENCE

34   https://ga-dev-tools.appspot.com/campaign-url-builder

35   https://www.gethighlights.co/blog/setup-google-analytics-saas-app

36   https://www.gethighlights.co/blog/setup-google-analytics-goals

OPTIMISATION DE LA LIVRABILITÉ DES COURRIELS

37 https://www.validity.com/resource-center/wp-content/uploads/sites/4/2020/03/2020-Email-Deliverability-Benchmark.pdf

38 https://www.senderscore.org

39 https://www.senderscore.org/blocklistlookup

40 https://spamcheck.postmarkapp.com

41 https://www.mail-tester.com

42 https://litmus.com/spam-filter-tests

43 https://www.emailonacid.com/spam-testing

44 https://snov.io/blog/550-spam-trigger-words-to-avoid-in-2019

OPTIMISATION DU TAUX D'OUVERTURE DES COURRIELS

45 https://blog.hubspot.com/sales/sales-email-subject-never-try

46 https://sendcheckit.com/email-subject-line-tester

47 https://www.subjectline.com

48 https://coschedule.com/email-subject-line-tester

49 https://www.gethighlights.co/blog/email-subject-line-tester-olympics

OPTIMISATION DE LA COPIE DU COURRIEL (OFFRE, ETC.)

50 http://www.hemingwayapp.com

51 https://www.boomeranggmail.com

52 https://www.htmlemailcheck.com

53 https://litmus.com

54 https://putsmail.com

55 https://www.emailonacid.com

56 https://www.youtube.com/watch?v=SOtdJl4PKf8&feature=youtu.be&t=18m22s

57 https://www.dictionary.com/e/acronyms/tldr

OPTIMISATION DES PAGES DE DESTINATION (OBJECTIF DE LA PAGE, ETC.)

58 https://developers.google.com/speed/pagespeed/insights

59 https://gs.statcounter.com/press/mobile-and-tablet-internet-usage-exceeds-desktop-for-first-time-worldwide

60 Vous pouvez obtenir un certificat SSL gratuit via https://letsencrypt.org.

61 https://fivesecondtest.com

62 https://www.hotjar.com

63 https://www.crazyegg.com

64 https://readable.com

65 https://www.cxpartners.co.uk/our-thinking/web_forms_design_guidelines_an_eyetracking_study

SÉQUENCES DE COURRIEL À FROID

66 https://blog.sellingpower.com/gg/2011/10/how-cold-calling-20-added-100-million-to-salesforcecoms-revenues.html

67 https://www.youtube.com/watch?v=mDnddmAxUNA

68 https://www.cnbc.com/2017/02/10/birchbox-ceo-sending-great-cold-emails-was-how-i-first-found-success.html

69 https://www.youtube.com/watch?v=nTUOILK2wyc

70 https://hunter.io

71 https://www.zoominfo.com

72 https://www.voilanorbert.com

73 https://connect.clearbit.com

74 https://www.yesware.com/blog/find-email-addresses

75 https://youtu.be/SOtdJl4PKf8?t=1088

76 https://mailshake.com

77 https://www.yesware.com

78 https://www.streak.com

79 https://www.youtube.com/watch?v=VOgSJqmyLEQ

80 https://reply.io/7-sales-blunders

81 https://woodpecker.co/blog/warm-clients potentiels

82 https://www.drift.com/blog/inbound-automation-whiteboard-lessons

83 https://clearbit.com/reveal

84 https://www.leadfeeder.com

85 https://www.lemlist.com

86 https://www.loom.com

87 https://www.upwork.com

88 https://www.fiverr.com

SÉQUENCES DE BIENVENUE ET D'ONBOARDING

89 https://sixteenventures.com/customer-success-desired-outcome

90 https://growthhackers.com/questions/ask-gh-how-do-you-determine-which-tests-to-run-on-a-site-when-looking-to-optimize-conversion-rates

91 https://www.appcues.com/blog/pirate-metric-saas-growth

92 https://www.experian.com/assets/marketing-services/white-papers/welcome-email-report.pdf

93 https://virayo.com/saas/customer-onboarding

94 https://outfunnel.com/onboarding-automation

95 https://tomtunguz.com/top-10-learnings-from-the-redpoint-free-trial-survey

96 https://blog.madkudu.com/50-of-saas-conversions-happen-after-trial-ends

97 https://www.youtube.com/watch?v=tfQNJpnxmMw

98 https://blog.madkudu.com/50-of-saas-conversions-happen-after-trial-ends

COURRIELS COMPORTEMENTAUX ET DE CYCLE DE VIE

99 L'entonnoir est basé sur le modèle A.A.A.R.R. :
https://www.slideshare.net/dmc500hats/startup-metrics-for-pirates-long-version.

100 https://customer.io/blog/what-are-lifecycle-emails-patio11-patrick-mckenzie

SÉQUENCES D'UPGRADE, D'UPSELL ET DE REVENUS D'EXPANSION

101 https://www.process.st/freemium-conversion-rate

102 https://www.oreilly.com/library/view/marketing-metrics-the/9780134086040

103 https://fr.wikipedia.org/wiki/Aversion_%C3%A0_la_perte

104 https://www.priceintelligently.com/blog/saas-discounting-strategy-lowers-ltv-by-over-30-percent

SÉQUENCES DE RÉTENTION

105 Les revenus directs et les coûts associés, exprimés sur une base par utilisateur.

106 https://www.forentrepreneurs.com/why-churn-is-critical-in-saas

107 https://www.youtube.com/watch?v=ch7aps2h8zQ

108 https://www.saasemailmarketing.net/articles/promote-annual-subscription-improve-retention-cashflow

109 https://www.priceintelligently.com/blog/profit-well-march-2018/the-profitwell-report-the-worlds-largest-study-on-churn-17

110 http://churnbuster.io

111 https://www.profitwell.com/churn-reduction-software

112 https://www.chargebee.com/blog/saas-business-growth-findings

113 https://vimeo.com/72140534

114 https://www.profitwell.com/blog/driving-higher-nps-benchmarks

115 https://www.intercom.com/resources/books/intercom-product-management

116 https://sixteenventures.com/saas-customer-success-zombie-customers

117 https://www.slideshare.net/seanellis/building-a-companywide-growth-culture-saastr-annual-2016/23-Final_Thought_Focus_on_Value

SÉQUENCES DE RECOMMANDATION

118 https://hbr.org/2003/12/the-one-number-you-need-to-grow

119 https://www.bloomberg.com/news/articles/2016-05-04/tasty-taco-helpful-hygienist-are-all-those-surveys-of-any-use

120 https://articles.uie.com/net-promoter-score-considered-harmful-and-what-ux-profe ssionals-can-do-about-it

121 https://medium.com/airbnb-engineering/hacking-word-of-mouth-making-referrals-work-for-airbnb-46468e7790a6

122 https://www.nielsen.com/us/en/insights/article/2012/consumer-trust-in-online-social -and-mobile-advertising-grows

123 https://www.wootric.com

124 https://delighted.com

125 https://www.promoter.io

126 https://www.asknicely.com

127 https://survicate.com

128 https://medium.com/@audreymelnik/how-to-automate-your-nps-survey-4ad95ba8c d5

SÉQUENCES DE RÉACTIVATION

129 https://www.youtube.com/watch?v=tfQNJpnxmMw

130 https://www.productled.org/data-and-trends/state-of-product-led-growth

131 https://neilpatel.com/blog/re-engage-dead-email-subscribers

132 https://mailchimp.com/resources/inactive-subscribers-are-still-valuable-customers

133 https://www.businessofapps.com/marketplace/push-notifications/research/push-notifi cations-statistics

134 https://www.getvero.com/resources/making-the-most-of-your-funnel-the-hail-mary -email

About the Author

Étienne a fondé trois startups (Flagback, HireVoice et Highlights). Il est également l'auteur de *Lean B2B*, *Solving Product* et *Find Your Market*. La méthodologie Lean B2B aide des milliers d'entrepreneurs et d'innovateurs à travers le monde à créer des entreprises prospères.

En 2015, Étienne a rejoint LANDR en tant que responsable de l'engagement client. Chez LANDR, il a contribué à la création et à l'optimisation d'un programme de communication sur le cycle de vie complet du client, qui a contribué à une croissance du chiffre d'affaires de 4x en deux ans.

You can connect with me on:
- https://saasplaybook.co/fr
- https://twitter.com/egarbugli
- https://www.linkedin.com/in/egarbugli

Subscribe to my newsletter:
- https://saasplaybook.co/newsletter

Also by Étienne Garbugli

Les livres d'Étienne traitent de la façon de tirer parti de la connaissance des clients pour créer et développer des entreprises.

Lean B2B : Créez les produits que les entreprises veulent
https://gumroad.com/l/leanb2b
Lean B2B rassemble les meilleures idées sur le customer development en B2B (Business-to-Business) afin d'aider les entrepreneurs technologiques à conquérir le marché rapidement, en ne laissant que très peu de place à la chance.

La méthodologie Lean B2B est utilisée par des milliers d'entrepreneurs et d'innovateurs de par le monde.

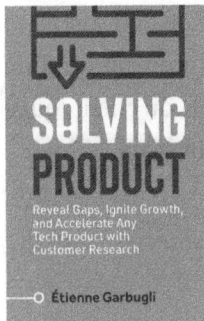

Solving Product (v.o.a.)
https://solvingproduct.com/pdf
Solving Product est un guide simple, unique et extrêmement puissant pour les entreprises.

Il a été soigneusement conçu pour aider les équipes de produits et les entrepreneurs à identifier les lacunes de leurs modèles d'affaires, trouver de nouvelles pistes de croissance et surmonter systématiquement les défis qui se présentent en faisant appel à la meilleure ressource à leur disposition : leurs clients.

www.ingramcontent.com/pod-product-compliance
Lightning Source LLC
Chambersburg PA
CBHW071548210326
41597CB00019B/3161